10주 완성
인텔리전트
피트니스
프로그램

10주 완성

인텔리전트 피트니스 프로그램

사이먼 워터슨 지음

톰 히들스턴 추천 | **동현민** 옮김

시그마북스
Sigma books

10주 완성 인텔리전트 피트니스 프로그램

발행일 2023년 6월 2일 초판 1쇄 발행

지은이 사이먼 워터슨

옮긴이 동현민

발행인 강학경

발행처 시그마북스

마케팅 정제용

에디터 최연정, 최윤정, 양수진

디자인 김문배, 강경희

등록번호 제10-965호

주소 서울특별시 영등포구 양평로 22길 21 선유도코오롱디지털타워 A402호

전자우편 sigmabooks@spress.co.kr

홈페이지 http://www.sigmabooks.co.kr

전화 (02) 2062-5288~9

팩시밀리 (02) 323-4197

ISBN 979-11-6862-139-8 (13690)

* **시그마북스**는 ㈜**시그마프레스**의 단행본 브랜드입니다.

차례

수요일 **동적 스트레칭** 리버스 런지를 응용한 고관절 스트레칭 | 리버스 런지와 무릎 당기기를 응용한 대퇴사두근 스트레칭 | 페달 투 스탠딩 | 상체 연속 스트레칭 | 고관절 외전근과 햄스트링 연속 스트레칭

목요일 **코어** 보수를 사용한 얼터네이트 니 드라이브 | 보수를 사용한 레그 레이즈 | 보수를 사용한 힐 탭 | 메디신볼 트위스트 | 보수를 사용한 플랭크

7주에서 9주차 코어 응용 동작 케이지 크런치 | 다리 들고 케이지 크런치 | 케틀벨 돌리기 | 짐볼을 사용한 브이 싯업 | 짐볼 돌리기 | 짐볼을 사용한 밧줄 타기

금요일 **전신** 가장 어려웠던 하체 동작 | 손 위치 바꿔가며 니 드라이브 푸시업 | 도구를 사용한 사이드 런지와 니 드라이브 | 덤벨 플라이오메트릭 | 덤벨 클린 앤 프레스

7주차 건강 습관

8주차 땀 흘리는 기쁨을 만끽하라 180

월요일 **하체** 짐볼을 사용한 스쿼트 | 덤벨과 발목 모래주머니를 사용한 사이드 런지와 니 드라이브 | 리버스 런지 점프 | 발목 모래주머니를 사용한 플라이오메트릭 점프 | 노르딕 컬 변형 동작

화요일 **상체** 사이드 니 드라이브 푸시업 | 무릎 꿇고 느리게 하는 어깨 연속 동작 | 무릎 꿇고 하는 팔 연속 동작 | 덤벨 플라이오메트릭과 푸시업 | 클린 앤 프레스와 플라이오메트릭

수요일 **동적 스트레칭** 리버스 런지를 응용한 고관절 스트레칭 | 리버스 런지와 무릎 당기기를 응용한 대퇴사두근 스트레칭 | 페달 투 스탠딩 | 상체 연속 스트레칭 | 고관절 외전근과 햄스트링 연속 스트레칭

목요일 **코어** 보수를 사용한 얼터네이트 니 드라이브 | 보수를 사용한 레그 레이즈 | 보수를 사용한 힐 탭 | 메디신볼 트위스트 | 보수를 사용한 플랭크

금요일 **전신** 가장 어려웠던 하체 동작 | 사이드 니 드라이브 푸시업 | 덤벨과 발목 모래주머니를 사용한 사이드 런지와 니 드라이브 | 덤벨 플라이오메트릭과 푸시업 | 클린 앤 프레스와 플라이오메트릭

8주차 건강 습관

9주차 한계에 도전하라 196

월요일 **하체** 도구를 사용한 와이드 스쿼트 | 탄력밴드와 도구를 사용한 점프 스쿼트 | 3-3 점프 런지 | 발목 모래주머니를 사용한 플라이오메트릭 스텝박스 점프 스쿼트 | 보수 또는 스텝박스를 사용한 노르딕 푸시업 변형 동작

화요일 **상체** 푸시업과 킥 스루 | 하프 레이즈를 포함한 무릎 꿇고 하는 어깨 연속 동작 | 무릎 꿇고 하는 팔 연속 동작 | 바벨 로우 플라이오메트릭과 바벨 롤아웃 | 클린 앤 프레스와 푸시업 플라이오메트릭

수요일 **동적 스트레칭** 리버스 런지를 응용한 고관절 스트레칭 | 리버스 런지와 무릎 당기기를 응용한 대퇴사두근 스트레칭 | 페달 투 스탠딩 | 상체 연속 스트레칭 | 고관절 외전근과 햄스트링 연속 스트레칭

톰 히들스턴의 추천사

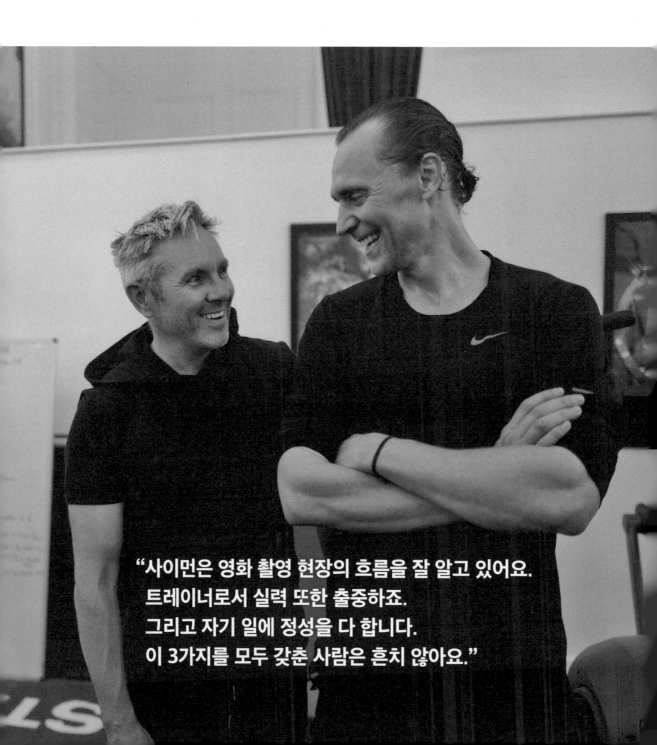

"사이먼은 영화 촬영 현장의 흐름을 잘 알고 있어요.
트레이너로서 실력 또한 출중하죠.
그리고 자기 일에 정성을 다 합니다.
이 3가지를 모두 갖춘 사람은 흔치 않아요."

파인우드 스튜디오(영국의 영화 및 텔레비전 프로그램 제작 스튜디오-옮긴이) 내부에 있는 사이먼의 운동센터에는, 사람들이 무거운 기구를 들어 올리고 뜀박질을 하면서 구슬땀을 흘리는 운동 장비에서 조금 떨어진 곳에 소파와 쿠션이 있다. 푹신한 소파를 외면하기란 여간 어렵지 않다. 센터에 갈 때마다 그 소파가 눈에 들어온다. 가끔은 거기에 앉기도 한다. 나는 이 소파에 사이먼의 운동 철학이 담겨 있다고 생각한다. 그 철학은 신체를 단련하기 위해서, 그리고 삶을 살아가기 위해서는 어떤 태도를 취해야 하는지 우리 모두에게 일깨워준다. 이를 한 문장으로 표현하자면 "한 번에 하나씩 차곡차곡 쌓아 가자"라고 할 수 있을 것이다.

새로운 도전 과제나 프로젝트를 시작할 무렵이면, 거대한 산을 올려다보는 느낌이 든다. '저 산을 무슨 수로 오른담?' 이때 내가 할 수 있는 일은 그저 앞으로 내디뎌야 할 수많은 발걸음 중 첫 번째 한 걸음을 옮기는 것뿐이라는 사실을, 이제는 알고 있다. 내게 있어 하루에 한 걸음씩 적립한다는 것은 곧 일정량의 해야 할 일들을 마침내 처리완료 칸에 집어넣을 수 있다는 뜻이다. 촬영이 본격적으로 시작하기 전에 그에 대비하여 몸을 만들고, 촬영이 진행되는 동안에는 새벽 4시에 운동을 하고, 촬영을 끝내고 편집 담당자에게 넘기는 일까지, 하나씩 처리하다 보면 내 안의 엔진이 따뜻해지는 순간이 온다. 긴장감이 모두 사라지면서 '좋아, 한 번에 하나씩 하면 돼. 한 번에 한 장면씩 쌓아 나가자' 하는 생각이 든다. 사이먼의 소파가 의도했던 바로 그 방향으로 가고 있는 것이다.

트레이너로서 사이먼의 능력을 어디에서부터 이야기해야 좋을까? 그는 정확함, 근면함, 섬세함과 성실함, 뛰어난 유머 감각과 호기심, 그리고 용기를 북돋우는 능력을 지니고 있다. 하지만 다른 무엇보다도 그의 세심함은 정말 대단하다. 정성이 그를 뛰어난 지도자로 만든다. 정말이지 세심하다.

사이먼은 영화 촬영 현장의 흐름을 잘 알고 있다. 트레이너로서 본인의 능력도 숙지하고 있다. 게다가 정성을 다 한다. 이를 모두 갖춘 트레이너는 흔치 않다. 그는 90일 간의 촬영 스케줄에 대비해 배우들을 훈련시키는 방법, 촬영에 필요한 신체적 능력과 기술들을 전수하는 방법들을 잘 알고 있다. 아니, 그는 매번 그 이상을 만들어낸다. 사이먼은 자기 일에 자부심을 갖고 있다. 센터에 들어설 때마다 그가 쏟는 정성이 강하게 느껴진다. 사이먼은 우리가 맡은 업무에만 정성을 쏟는 것이 아니라, 사람 대 사람으로서도 온 정성을 다 한다. 그는 친절하고 진실한 사람이다. 우리는 드라마 <더 나이트 매니저>를 시작으로, 영화 <콩: 스컬 아일랜드>, <토르: 라그나로크>, 그리고 디즈니플러스 드라마 <로키>에 이르기까지 꽤 많은 영화와 텔레비전 프로그램을 함께했는데, 중간의 공백 기간에도 그는 내게 안부를 묻기 위해 연락하곤 했다. 한 번은 사이먼이 <스타워즈> 영화 작업을 하고 있었는데(나는 그 영화에 출연하지 않는데도) 수업을 하러 센터에 오겠냐고 메시지를 보내온 적도 있었다. 사이먼과 연락을 주고받는 일은 언제나 즐겁다.

새로운 캐릭터, 새로운 스토리와 영화 제작은 매번 새로운 능력과 기술을 필요로 한다. 사이먼은 각 배역이 필요로 하는 특정 조건에 맞추어 내 훈련 프로그램을 결정한다. 이 프로젝트를 대중 앞에 선보였을 때, 관객들이 느끼는 즐거움은 환상과 마법의 세계에 푹 빠져드는 데서 오는 것이 아닐까? 관객들은 화면 뒤 배우의 숨은 노력을 보지 않아도 된다. 화면 속에 펼쳐지는 마법이 진짜처럼 느껴 질 수 있도록, 사이먼은 나의 신체를 단련시켜 시청자들이 백조의 물갈퀴질을 보지 못하도록 해준다. 어떤 날은 해가 뜨기 전에 야외 촬영을 마무리하기 위해 새벽 3시부터 전속력 달리기를 해야 한다. 또 어떤 날에는 웜홀 속으로 떨어지거나 우주 한가운데를 가로지르는 장면을 위해서 하네스를 착용하고 텅 빈 블루스크린 앞을 날아다녀야 한다. 그러려면 와이어에 매달린 상태로도 자세를 유지할 수 있도록 튼튼한 코어 근육이 필요하다.

사이먼은 내가 달리기를 할 때 나오는 엔도르핀의 파도와 자유를 사랑한다는 사실을 파악하고, 내 운동 프로그램의 워밍업이나 트레드밀 전력 달리기 등에 이 점을 적극 활용했다. 거꾸로, 운동 프로그램 곳곳에 내가 힘들어하는 동작들도 배치해두었다. 그는 전체를 '작게 쪼개어 적립'한다. 나도 이 책에서 다루고 있는 '적립식 운동법'을 그대로 따르고 있는데, 사이먼은 그날그날 해야 할 동작들을 전부 화이트보드에 적어 두곤 한다. 그 덕분에 가장 하기 싫은 운동을 하기 전 마음의 준비를 할 수 있다. 이는 내가 어떤 운동에 약한지, 그리고 나의 강점은 어디에 있는지 이해할 수 있도록 도와준 사이먼과 같은 역할을 한다.

사이먼과의 훈련 중에서도 가장 힘든 구간은 대체로 촬영 첫날을 3~4주 정도 앞두고 있을 무렵이다. 하루치 운동을 마친 뒤 촬영 스케줄까지 소화해야 하는 부담이 없는 기간이기 때문에, 가속페달을 밟으며 진행 속도를 보다 빠르게 끌어올릴 수 있다. 촬영 기간 중에는 새벽 4시에 사이먼의 센터에 도착한다. 그 시간이 아니면 운동을 끝내고 촬영 전 업무(메이크업, 헤어 스타일링, 그리고 코스튬을 장착)를 마무리한 뒤 오전 8시 즈음에 시작하는 하루의 첫 촬영 시간에 맞출 수가 없다. 조금만 늦어도 하루에 가속을 붙일 기회가 사라져 버린다. 사이먼은 새벽같이 시작하는 일정에 불평을 한 적이 단 한 번도 없다. 우리는 에스프레소 머신의 전원을 켜고, 커피를 한 잔씩 손에 들고서 트레드밀 위로 올라가 워밍업을 시작한다. 내가 달리는 동안 그는 이런저런 이야기를 한다. 전날에 본 스포츠 경기 등에 대해 담소를 나누는 와중에도 내 컨디션이 어떤지, 잠은 제대로 잤는지, 그날 아침 내 에너지 수치는 어느 정도인지 체크한다.

나는 촬영장에 가기 전에 운동하는 쪽을 선호한다. 그 편이 내 마음가짐을 적당한 상태로 만들기 때문이다. 가장 힘든 부분은 아침 일찍 울리는 알람소리다. 하지만 피곤함을 느끼며 사이먼의 센터에 도착하더라도, 운동을 하다 보면 기운이 난다. 반대로 에너지가 과하게 넘치는 날에는 운동이 마음을 조금 가라앉혀준다. 사이먼과 함께하는 시간은 곧 마음의 평정을 찾는 시간이다. 매일의 루틴이다. 머릿속에는 그날 촬영할 장면을 입력해 두었으므로, 훈련을 하는 시간은 일종의 멘탈 트레이닝이기도 하다. 촬영장에 도착해 모두가 함께 촬영을 시작할 무렵이면 내 정신은 아주 맑아져 있다. 뇌에는 산소가 가득하고 신경계도 활발해진 상태다. 비로소 나는 다른 사람들의 말을 듣

"그는 밀어붙여야 할 때와 쉬어야 할 때를 구분하는 지혜가 있다."

고, 반응하고, 동료들과 보다 원활하게 협동할 수 있다.

파인우드 스튜디오 안에 있는 사이먼의 운동센터는 다양한 사람들이 오는 곳이다. 다른 배우들도 여러 명 보았다. 그들은 이 공간을 소중히 여긴다. 마블 스튜디오에 새로 들어온 배우가 사이먼과 첫 트레이닝을 할 때면, 그들의 표정에서 '와 이 운동 프로그램 정말 힘들다' 하는 생각을 읽을 수 있다. 지금까지 경험하지 못했던 영화 촬영의 한 과정을 목격하고 있는 것이다.

하지만 사이먼과의 운동 시간이 항상 최대 강도로 진행되지는 않는다. 그는 밀어붙여야 할 때와 쉬어야 할 때를 구분하는 지혜가 있다. 감정의 폭이 크게 널뛰는 장면을 촬영했거나 체력적으로 힘이 들어 지쳐버린 날도 있다. 영화 촬영은 참으로 즐거운 일이고 내 노력이 스크린에서 좋은 결과로 나타나기를 소망하지만, 그럼에도 힘든 촬영의 여파는 다음 날 아침 센터에 들어설 때까지도 분명히 남아 있다. 녹초가 되어버린 내 모습을 보면 사이먼은 이렇게 말하곤 한다. "오늘은 너무 무리하지 마시죠. 가볍게 몸을 움직이면서 심박수를 올리고, 근육에 쌓인 젖산이 빠져나갈 수 있도록 스트레칭과 능동적 휴식(active recovery)을 하겠습니다." 오늘도 기를 쓰고 살지 않아도 된다고, 나를 안심시킨다.

액션 캐릭터를 준비하는 데 사이먼의 트레이닝은 아주 중요한 부분을 차지한다. 나뿐만 아니라 여러 사람들이 사이먼의 능력이 보석과도 같다고 여긴다. 그와의 트레이닝에 만족하는 세계적으로 유명한 배우들이 많다. 사이먼은 대단한 일을 한다. 그가 만든 10주 프로그램은 사이먼이 얼마나 세심하고 효율적인 접근법을 사용해 신체를 단련시키는지 보여주는 아주 훌륭한 예다. 그리고 우리가 목표에 다다르기 위해 거쳐야 하는 과정들에 대해 그가 알고 있는 탁월한 지식들을, 보다 많은 사람들이 누릴 수 있도록 해야 한다.

들어가며

피트니스 및 건강관리 지도자로서 내가 하는 일은, 뛰어난 신체 능력과 상징적인 역할을 지닌 영화 속 캐릭터를 연기하느라 고군분투하는 배우들을 보조하는 것이다. 앞서 톰 히들스턴이 추천사에서 언급한 바와 같이 백조의 물갈퀴질이 보이지 않게 만드는 일이기도 하지만, 배우들이 고된 영화 촬영을 견딜 수 있도록 체력을 키우는 일이기도 하다.

나는 톰 히들스턴이 <로키>, <더 나이트 매니저>를 비롯하여 다양한 배역을 맡는 동안 그의 훈련을 맡았으며, 다니엘 크레이그의 <카지노 로얄>에서부터 <노 타임 투 다이>까지 총 5편의 007 제임스 본드 시리즈, 크리스 에반스의 <캡틴 아메리카>, 베네딕트 컴버배치의 <닥터 스트레인지>, 브라이스 달라스 하워드의 <쥬라기 월드>, 존 보예가의 <스타워즈> 등 기타 여러 촬영에 함께했다. 최고의 기량은 뽐내는 배우들이 신체적으로 버거운 배역을 수행할 수 있도록, 나의 '인텔리전트 피트니스 운동법'을 사용하여 지속적으로 협력하고 있다.

인텔리전트 피트니스 프로그램은 미용보다는 순수 퍼포먼스 향상을 우선하는 것을 신조로 삼고 있다. 나와 함께 운동하는 배우들에게도 자주 하는 말인데, 운동 능력을 단련하면 아름다움은 자연스럽게 따라온다. 건강은 대체로 즐거움과 기분과 일치한다. 우리에게 필요한 일관성과 지속성 또한 갖추게 되었으므로, 좋은 기분이 든다면 그 기분이 우리의 외면과 얼굴에도

드러날 것이다. 단순히 신체 단련에만 힘쓰지 않고 감정적, 정신적 건강과 웰빙에도 주의를 기울이면 보다 균형 있고 지속가능한 건강관리 요령을 체득할 수 있다.

10주라는 기간은 그냥 두루뭉술하게 골라잡은 시간이 아니다. 촬영 시작 전 배우를 캐릭터에 맞게 훈련시킬 때 우리에게 주어지는 시간이 일반적으로 10주다. 이 정도면 배우들이 신체적, 정신적 운동선수로 변신하기에도 충분한 시간이다. 또한 배우들이 했던 바로 그 운동법, 똑같은 통찰력과 의욕을 고취할 조언들을 활용하여 신체를 단련하기에도 10주가 딱 알맞다.

결과를 눈으로 보고 느끼자

여러분의 운동 목표가 무엇이든, 이 책이 10주 안에 눈에 띄는 결과를 만들어내도록 도와줄 것이다. 체중 감량, 체지방 감소, 근육 증가, 혹은 신체적·정신적 건강을 전반적으로 향상하여 컨디션을 끌어올릴 수도 있다. 내 경험상 습관을 바꾸고 종합적인 건강 상태를 끌어올리는 데 10주 정도의 시간이 걸린다. 나의 운동 프로그램을 완성하고 나면, 그 결과를 눈으로 확인하고 느낄 수 있을 것이다.

우리는 모두 도전을 중요하게 여긴다. 운동을 처음 접하는 사람에게도, 중급이나 고급 레벨의 운동 경력자에게도 이 책이 딱 안성맞춤이다. 개중에는 운동을 시작해볼 생각조차 없었던

사람도, 운동센터에서 하던 프로그램에 새로운 변화를 주고자 하는 사람도, 또는 신체 건강을 한층 올리고 싶은 사람도 있을 터이다. 모두 환영한다. 여러분 모두가 쉽게 따라 할 수 있도록 운동 프로그램과 가이드라인을 보여 줄 것이다.

최고의 동기부여

앞으로 10주간, 여러분은 스스로 신체적 한계뿐만 아니라 정신적 한계 또한 시험하게 된다. 바로 이 점 때문에 여러분에게 이 시간을 헤쳐 나가는 데 필요한 의지와 확신을 심어 주려 한다. 올바른 마음가짐을 갖추는 일이 얼마나 중요한지 알고 있기 때문이다. 각 챕터의 첫머리에는, 내 피트니스 프로그램의 효과를 톡톡히 봤던 주요 고객들이 작성한 후기를 수록했다. 이 운동을 통해 멋진 결과를 얻은 사람들이 있다는 사실을 마음에 새기며 이 도전을 끝까지 완성할 용기를 얻을 수 있다면 좋겠다.

또한 10주 동안 최대한의 결과를 얻을 수 있도록 배우들에게 제공했던 기술과 요령들을 고스란히 여러분에게도 전수할 것이다. 그중에는 대다수가 의욕 저하를 경험하는 지옥의 6주차를 버티는 방법도 있다. 또한 10주차에는 뜻밖의 프로그램이 등장하는데, 고객들이 9주차의 운동을 끝마칠 무렵에 불쑥 이 프로그램을 보여주면 대부분은 깜짝 놀라곤 한다. 하지만 이는 지난 9주 동안 그들이 얼마나 대단한 일을 성취했는지 체감하는 데 도움이 되는 과정이다.

이 운동 프로그램을 시도하기로 결심한 이유는 머릿속에 분명히 새기되, 숫자를 목표로 삼지 않기를 권한다. 목표는 가능한 포괄적으로 설정하자. 예를 들어 체중 감량을 목표로 삼아 특정 수치를 마음에 새겨둔다면, 이 숫자에 조금 미치지 못했다는 이유로 지금까지 것들에 대해서는 인정하지 않고 실패했거나 미완에 그쳤다고 여기게 될 것이다. 반면 정신 건강 증진

이나 움직임과 호흡, 몸의 감각 개선을 목표로 삼는 경우에는 단순히 성패를 측정하기 어렵다.

반짝이는 나를 위한 준비

여러분의 친구나 가족은 힘든 순간을 버티게 해주는 큰 조력자 역할을 하므로, 이 피트니스 프로그램에 착수하기 전 미리 주변에 알리는 편이 좋다. 혹은 함께할 운동 파트너를 구하거나, 자기 나름의 운동을 하고 있는 마음 맞는 친구와 동행하는 것도 좋은 생각이다. 팀의 일원으로서 하는 운동이 의욕을 고취할 수 있기 때문이다. 하지만 여러분이 운동을 시작했다는 사실을 알지 못하는 사람들도 있어야 한다. 왜냐하면 10주가 다되어 갈 무렵에 그간 만나지 못했던 누군가가 "세상에, 완전히 다른 사람인 줄 알았어요"라며 놀라는 모습은 최고의 찬사이자 커다란 동기부여가 되기 때문이다. 말 그대로 빛이 날 것이다. 정말 달라 보일 것이다. 곧은 자세, 그전보다 긍정적으로 변한 에너지, 성취감과 뿌듯함에서 오는 가벼운 발걸음은 물론, 운동 생리학적 효과도 얻었을 것이다. 설령 여러분이 만든 변화를 알아채는 사람이 없다 하더라도, 몸 안에서 벌어지는 모든 일들은 이전보다 훨씬 효율적으로 기능하고 있을 것이다.

적립식 훈련법

나의 첫 번째 저서인 『인텔리전트 피트니스(Intelligent Fitness)』에서는 내 고객들 대다수에게 적용하고 있는 '5-2 적립식 운동법'을 소개했다. 이 방법으로 최단 기간 내에 최대의 결과를 얻을 수 있기 때문이다. 앞으로 10주간 진행될 프로그램 또한 같은 방식으로 구성되어 있다. 각각의 훈련은 5개의 운동 동작과 짧고 폭발적인 유산소(유산소는 프로그램 단계에 따라 2분에서 5분까지 진행한다)로 이루어진다.

운동 순서는 다음 도표와 같다.

동작 1
유산소
동작 1
동작 2
유산소
동작 1
동작 2
동작 3
유산소
동작 1
동작 2
동작 3
동작 4
유산소
동작 1
동작 2
동작 3
동작 4
동작 5
유산소

유산소 운동을 하나의 큰 덩어리로 진행하는 대신, 잘게 쪼개어 각 동작 사이에 짧으면서도 강렬하게 끼워 넣으면 운동이 한층 더 역동적이고 즐거워진다. 이 동작에서 저 동작으로 변화가 지속되기 때문에 지루함을 느낄 겨를도 없을 것이다. 다음 차례는 어떤 동작인지 생각하느라, 지금 동작이 얼마나 힘든지는 생각할 틈조차 없다. 게다가 유산소 시간이 짧막한 편이 훨씬 감당하기 쉽다. 단 2분이라면(프로그램 막바지에 들어서면 5분까지 늘어날 것이다), 그 어떤 운동이라도 할 만하지 않겠는가. 반면 유산소를 20분 내내 해야한다고 생각하면 너무 부담스럽게 느껴진다.

어떤 사람들은 유산소만을 고집하며 덤벨이나 바벨은 건드리지도 않는다. 반대로 근력 운동에만 치중하여 유산소는 거들떠보지 않는 사람도 있다. 하지만 내 운동 프로그램은 유산소와 무산소를 모두 아우르며 균형 잡힌 워크아웃을 중시한다.

그렇다면 동작 사이사이에 실시할 유산소 시간을 늘려야 할 때는 언제일까? 여러분의 체력이 충분히 좋아졌다고 생각되면 1분씩 더해나갈 것이다. 이를 위해서 매주 각 요일 페이지 첫머리에 색색으로 칠해진 적립식 운동법 가이드를 찾아보자. 예를 들어 첫째 주에는 각 동작 사이마다 2분의 유산소를 실시하는 '5-2 적립법'으로 시작한다. 하지만 전체 프로그램에서 가장 강도가 높은 9주차에 들어서면 유산소 운동이 5분으로 늘어나 '5-5 적립법'이 된다. 하지만 어떤 유산소 운동을 할지는 여러분이 자유롭게 선택할 수 있다. 달리기, 자전거 타기, 로잉머신 등 심박수를 올리는 운동이라면 무엇이라도 좋다.

적립식 운동법은 각각 30분에서 40분 정도 소요되므로(유산소 시간이 추가될 때마다 소요 시간이 조금씩 늘어난다), 빠르고 효과적이기 때문에 고객들이 매우 선호하는 방식이다. 그 외에 10분간

"달리기, 자전거 타기, 로잉머신 등 심박수를 올리는 모든 운동이 유산소다."

의 준비 운동과 워밍업, 마무리하기 전에 하는 10~15분간의 스트레칭과 같은 보조 운동들까지 추가하더라도 하루 스케줄 사이에 집어넣기에 그리 어렵지 않을 것이다.

일주일의 흐름을 파악하라

일주일 프로그램을 비슷한 흐름으로 구성했다. 월요일은 하체 운동을 하는 날이다. 하체 운동을 좋아하는 사람은 없다. 그래서 월요일이 딱 좋다. 월요일에 미리 해치워버리면 나머지 일주일은 하체 운동을 하지 않아도 되니까. 그리고 화요일은 상체, 수요일은 동적 스트레칭, 목요일은 코어, 금요일은 전신, 토요일은 활동적인 스포츠와 레저, 일요일은 휴식과 회복이다. 일주일을 이 순서대로 계획해두었다. 내가 담당하는 고객들 또한 같은 순서로 운동한다. 이 운동 루틴을 사용하면 근육군이 휴식을 취하고 회복할 수 있으며 그다음 운동을 상쾌하게 시작할 수 있기 때문에 건강 증진에 큰 도움이 된다.

기분 좋은 금요일

금요일은 기분 좋은 날이어야 한다. 주말에 들어서기 전, 여러분의 몸에 엔도르핀이 솟아나면 좋겠다. 그래서 매주 금요일엔 그 주에 이미 했던 동작들 중 월요일의 하체 동작과 화요일의 상체 동작 몇 가지를 활용했다. 배우들에게도 같은 방식을 적용한다. 이렇게 하면 금요일에는 좀 더 친숙한 동작들을 할 수 있기 때문이다. 몸이 벌써 이 동작의 패턴을 숙지하고 있기 때문에 새로운 움직임을 익히느라 애쓸 필요가 없다. 기분 좋은 금요일이자, 익숙한 금요일이 될 것이다. 금요일의 운동은 보다 쉽고, 빠르고, 효율적이며, 그로 인해 기분 좋게 느껴질 것이다. 게다가 전신의 모든 부위를 자극하여 건강과 신체 단련에도 효과적이다.

마음 다스리기

나는 여러분 모두가 손쉽게 체력 증진을 달성할 수 있도록 이 워크아웃을 디자인했다. 매주 실시하는 동작들은 그 전 주에

했던 것을 변형하고 수정한 것으로, 우리 몸이 비슷한 패턴을 따라가는 동시에 이 프로그램을 진행하면서 가장 중요한 큰 폭의 진전을 이룰 수 있도록 만들었다. 꾸준한 발전을 경험하다 보면 굳은 의지를 느낄 확률이 높아지며, 운동의 지속가능성을 높이는 일관성을 확보하는 데도 도움이 될 것이다.

또한 매주 변화하는 운동 프로그램 때문에 지루함을 느낄 틈이 없다. 물론 매주 같은 동작을 반복하면서 만족을 얻는 사람도 있다. 같은 동작으로 자신의 레벨이 어느 정도인지 정확하게 측정하면서 그 루틴이 몸과 마음에 어떤 영향을 주는지 인지할 수 있기 때문이다. 하지만 그 외 대부분의 사람들은 약간의 다양성을 선호한다. 변화로 인해 가벼운 심리적 자극을 느끼고 재미와 관심을 지속시킬 수 있기 때문이다. 다양한 운동 프로그램의 장점은 또 있다. 바로 매주 같은 근육군을 자극하지만 조금씩 다른 방식을 적용함으로써 진전을 앞당긴다는 것이다.

하지만 변화와 다양성이 매번 즐거울 수만은 없다. 그래서 동적 스트레칭과 코어의 경우 1주부터 3주까지, 그리고 4주부터 6주, 7주부터 9주까지, 3개 구간으로 나누어 각 구간마다 같은 동작을 반복하고 있다. (10주의 깜짝 프로그램은 미리 말하지 않겠다. 여러분의 놀라움을 망치고 싶지 않으니까.) 이 과정이 여러분에게 최고의 결과를 향한 디딤돌이 될 것이다.

자, 한 걸음 나아가 스스로를 시험해보자. 10주의 시간 동안 얼마나 큰 성과를 이룰 수 있는지 확인해보자. 인생의 모든 일이 그러하듯이, 노력한 만큼의 열매를 수확하게 될 것이다. 이 프로그램을 구상할 때 쉬운 반복과 응용이 가능하도록 만들었다. 신체를 단련하는 데 있어 새로운 자극이 필요할 때면 언제든 활용할 수 있도록 말이다. 원한다면 얼마든지 이 책을 다시 펼쳐 들고 반복, 또 반복하면서 매번 한 단계 더 높이 올라설 수 있을 것이다.

이 책을 사용하는 방법

운동을 할 때는 그다음 동작이 무엇인지 정확하게 알고 있어야 한다. 그래서 나는 고객들의 운동 프로그램을 센터에 있는 화이트보드에 적어두는 편을 선호한다. 여러분과는 얼굴을 마주하고 있지 못하지만, 내가 머리를 짜내어 만든 10주 과정 인텔리전트 피트니스 프로그램의 구성을 보고 여러분이 쉬이 이해하고 따라갈 수 있기를 바란다. 운동하러 갈 때는 운동센터든 어디든 눈치 보지 말고 이 책을 들고 가자. 이 책이 여러분의 화이트보드라고 생각하자. 그날 해야 할 동작을 떠올리기 쉽도록, 그리고 그 주의 운동 프로그램을 한눈에 볼 수 있도록 각 챕터 끝머리에 모든 동작을 적은 표를 첨부해두었다.

프로그램 구성과 운동 자세를 준수하라

이 프로그램에 도전하면서 최상의 결과를 얻으려면 각 챕터를 순서대로 진행해야 한다. 이 챕터에서 저 챕터로, 순서를 뒤죽박죽 섞어버리거나 한 주를 통째로 건너뛰지 말자. 여러분의 체력이 단련되는 느낌을 몸소 경험했으면 좋겠다. 하지만 한 주의 스케줄을 바꾸거나 빼먹으면 이 프로그램의 효과를 제대로 느낄 수 없다. 각 동작들 옆에 자세한 설명을 첨부해두었으니 최대한 동일하게 따라 하자. 사진상의 자세 또한 면밀하게 살펴보기 바란다. 이는 근육을 정확하고 안전하게 움직이는 데 도움이 되므로, 부상을 입거나 차질이 생길 위험이 줄어들 것이다.

프로그램의 구성은 정해져 있지만, 그 안에서도 각자 취향대로 선택할 수 있는 부분과 유연성이 있다. 적립식 운동법에 어떤 유산소 운동을 할지 여러분이 직접 결정할 수 있다. 그리고 토요일에는 어떤 활동을 할지, 일요일에는 어떻게 휴식을 취할지 나름의 방식으로 자유로이 결정하여 여러분의 건강 보따리를 그득하게 채울 수도 있다. 7주에서 9주차에서는 목요일의 코어 운동에서 몇 가지 추가 옵션을 제시해두었으므로 색다른 자극과 다양성을 더할 수 있을 것이다.

이전에 운동 프로그램을 경험한 적이 없는 사람이라면 하루 중 어느 시간에 운동을 해야 할지 갈피를 잡기 어려울 것이다. 한 가지 팁을 주자면, 운동은 아침 일찍 하는 편이 좋다. 직장에서 또는 일상 속에서 갑자기 할 일이 생기는 경우를 고려한다면, 운동 시간을 하루의 끝자락으로 미뤄두는 것보다 아침에 해두는 쪽이 훈련을 완수할 가능성을 높이기 때문이다(7주차 챕터에 언급한 내용이긴 하지만, 혹여 불가피하게 운동을 하루 빼먹는다고 해서 죄책감을 느낄 필요는 없다. 인생이란 원래 예상치 못한 일들로 가득한 법이지 않은가).

알맞은 난이도를 설정하자

이 책은 신체 능력과 무관하게 누구든지 따라 할 수 있다. 이제 막 운동을 시작한 사람도, 중급 또는 고급 레벨의 운동 경험자

10~15 회 / 20~30 초	
15~20 회 / 30~40 초	
20~25 회 / 40~50 초	

도 좋다. 매일의 운동 프로그램은 물론 각 동작까지도 횟수를 다양하게 조정하여 3가지 레벨로 구분할 수 있다. 새로운 한 주를 맞이할 때마다 페이지 첫머리에 바로 위에 보이는 것과 같이 색색으로 표시해둔 칸을 확인해보자. 이 표를 사용해서 같은 동작을 몇 번 반복해야 하는지, 그리고 횟수 대신 시간을 재는 쪽을 선호하는 사람들은 반복 동작을 몇 초나 지속해야 하는지 기억할 수 있다.

이 프로그램을 시작하고 몇 주가 지나면 초급 과정을 마치고 중급으로, 그리고 고급으로 쭉 이어나가고 싶다는 생각이 들 것이다. 3단계로 나누어진 난이도 덕분에 프로그램을 끝마치더라도 매번 신선하고 활기찬 느낌을 받으며 다시 새롭게 시작할 수 있다.

무게 선택하기

사람들은 무게를 선택할 때 항상 스스로를 과대평가하곤 한다. 웨이트 도구를 선택할 때는 최대 몇 kg까지 들고 운동할 수 있을지 생각해본다. 그리고 그 무게에서 25% 가벼운 것을 선택하면 틀림없이 적당할 것이다. 웨이트 도구는 항상 체력이 허락하는 한도 내에서 사용해야 한다. 특정 무게의 도구를 사용하여 동작을 몇 회 했을 뿐인데 끝까지 못하겠다는 느낌이 드는 경우가 있다. 한 세트를 끝까지 해내기 위해서라면 무게를 조금 낮춘다고 별 문제가 생기지 않는다. 이 프로그램 전체를 두 번, 세 번, 네 번째 반복하다 보면 첫 번째 도전에서 들었던 것보다 무거운 도구를 들고 있는 자신을 틀림없이 발견하게 될 것이다.

일주일을 위한 7가지 요령

이 프로그램은 월요일은 하체 운동, 화요일은 상체 운동을 하는 식으로 일주일의 구성과 흐름이 항상 똑같다. 일주일의 흐름을 헤쳐 나가는 데 필요한 몇 가지 팁을 살펴보자.

월요일의 하체 운동을 위한 팁

다리에 경련이 오는 느낌이 드는 경우는 근육이 평소보다 타이트하거나 피로가 지나치게 빨리 쌓이고 있다는 뜻이니, 잠시 멈춰서 수분을 섭취하고 스트레칭을 하자. 휴식 후 운동을 이어가기 전에 몸의 상태가 어떤지 잘 살펴본다. 무릎은 되도록 부드럽게 유지한다. 여기서 무릎을 부드럽게 한다는 말은, 무릎 관절보다는 주변 근육에 힘을 집중시킨 상태를 말한다. 무릎 관절이 턱 걸리는 느낌이 들 정도로 과하게 펴면, 체중과 압력

이 모두 관절에 실린다. 우리는 근육 강화를 목표로 운동하고 있다는 사실을 기억하자. 그래야 더욱 건강해질 수 있다.

화요일의 상체 운동을 위한 팁

운동하는 부위의 관절 가동 범위를 충분히 사용하고, 횟수를 짧고 빠르게 세기보다, 시작부터 끝까지 제대로 세야 한다. 그래야 근육의 긴장감을 최대한 길게 유지하여 최상의 결과를 얻어낼 수 있다. 몸이 탄력 있게 움직이도록 무릎을 부드럽게 유지한다.

수요일의 동적 스트레칭을 위한 팁

먼저 참고로, 동적 스트레칭은 요일과 무관하게 워밍업으로 활용해도 좋다. 스트레칭을 할 때 가장 먼저 기억해야 할 일은 동작의 속도와 흐름을 이용하여 컨트롤을 유지하는 것이다. 우리 몸의 통제권은 우리 자신에게 있으며 호흡 또한 다를 바 없다. 코로 숨을 들이면서 폐를 산소로 가득 채운다. 호흡을 잠시 멈췄다가 컨트롤을 그대로 유지하며 입으로 천천히 내쉬어 산소를 모두 내뱉는다. 부드러운 통증이 느껴질 때까지 스트레칭 자세를 유지한 채 잠시 멈춘다. 통증이 가라앉을 때까지 기다렸다가 10% 더 깊이 근육을 늘인다. 견딜 만한 정도의 불편함이 느껴질 것이다. 불편함이 사라질 때까지 멈췄다가 한 번 더 10% 움직인다. 이제 천천히 제자리로 돌아온다. 스트레칭의 힘든 부분은 긍정적인 효과만큼이나 중요하기 때문에 컨트롤이 매우 중요하다. 이 정도면 스트레칭은 완벽하게 배웠다. 중력에서 벗어난 듯 한결 가벼워진 느낌이 들 것이다.

목요일의 코어 운동을 위한 팁

너무 많이 운동해서 문제인 근력 운동이 있다면 다름 아닌 코어 운동이다. 코어 훈련은 많이 할수록 마냥 좋다고 생각하는 모양이다. 하지만 어떤 동작에 익숙해지기 시작하면서 변화가 만들어지고 근육이 회복하는 과정이 이뤄질 틈을 주지 않으면, 결국 지치게 만들어버린다. 코어 근육도 우리 몸의 다른 근육들과 똑같이 대해주면 어떨까? 코어 근육이 하체나 상체 운동을 할 때도 열심히 일하고 있다는 사실을 잊어버리고 목요일 외에 다른 날에도 추가 훈련을 하고 있지는 않은가? 한 세트가 끝난 뒤에는 망설이지 말고 휴식을 취하되, 휴식 시간이 끝나면 다시 자세를 취하고 주어진 횟수를 끝까지 채워야 한다(이 조언은 목요일 외에 다른 날에도 명심하기 바란다).

금요일의 전신 운동을 위한 팁

금요일에 운동을 하다가 심박수가 평소보다 많이 올라가더라도 놀라지 말자. 심혈관계의 할 일이 많아지면서 몸 전체에 혈액과 산소를 펌프질하여 전신의 근육을 빠짐없이 살피고 있기 때문이다. 걱정과 달리 우리 심장은 생각보다 훨씬 굳건하게 일한다. 어림잡아 220에서 본인의 나이를 빼면 나오는 숫자가 1분 동안 뛰는 최대심박수다. 걱정하지 말고 운동을 하며 땀 흘리는 기분을 즐겨보자. 곧 엔도르핀이 몸을 가득 채우는 느낌이 들 것이다.

토요일의 스포츠와 레저를 위한 팁

좋아하는 활동을 하자. 달리기, 자전거 타기, 트래킹, 테니스 치기, 또는 가족들과 함께 활동적인 하루를 보내도 좋다. 몸이 원하는 대로 움직이자. 단, 아무리 적어도 1시간은 해야 한다. 월요일부터 금요일까지는 주어진 프로그램에 따라 움직여야 하지만, 토요일은 자유롭고 일상에서 벗어난 시간을 보내자. 꼭 본인이 즐기는 일을 하도록 하자. 만약 좋아하는 스포츠나 레저를 더 잘하고 싶어서 운동을 시작한 사람이라면, 지금이 한층 향상된 능력과 에너지를 최대한으로 끌어낼 절호의 기회다. 그게 아니라면 토요일을 새로운 일에 도전할 기회로 삼을 수도 있다. 신체 능력이 향상하면서 자신감이 높아지고, 이는 이전에 해보지 못한 일에 도전할 용기를 심어 준다. 몸에 대한 자신감을 크게 느낄수록 새로운 스포츠와 레저를 맛보고 싶은 마음도 커진다. 이는 체력 단련을 향한 즐거움을 유지하고 의욕을 북돋우는 데도 도움이 된다.

일요일의 휴식과 회복

일요일은 건강 보따리를 그득 채우는 날이다. 해변이나 강가, 호수를 따라 걸어도 좋고, 교외로 나들이를 가도 좋다. 자연과 함께하는 것만큼 좋은 휴식은 없다. 이 말을 배우들에게도 매번 말하곤 한다. 특히 여름의 자연은 더할 나위 없이 좋으니 밖으로 나가자. 오감이 모두 자극되어 심리적 건강과 마음의 평화를 되찾는 데 놀라울 정도의 효과가 있다.

회복을 한다고 해서 무조건 마사지 테이블 위에 누워 관리를 받아야 한다는 말은 아니다(물론 가능하다면 그러고 싶겠지만). 늦잠을 자거나, 명상, 요가, 필라테스를 하거나 사우나, 찜질 등을 해보면 어떨까? 회복은 세상 모든 운동 프로그램의 핵심 열쇠다. 운동을 열심히 했더라도 휴식을 제대로 취하지 않는다면 단 한 발짝도 나아갈 수 없다. 근막 마사지 도구나 전기자극치료, 냉수 테라피, 마사지, 도수 치료나 카이로프랙틱의 도움을 받아도 좋다.

일요일은 스스로의 어깨를 다독이며 일주일간 얼마나 열심히 살았는지 되짚어 볼 수 있는 시간이다. 나는 이번 주 운동 프로그램을 완벽하게 수행했는가? 70%, 80%, 아니 90%의 노력을 다 했는가? 다음 주에는 100%까지 최선을 다 할 수 있는가?

한 주 마무리하기

각 챕터의 마지막 페이지에 있는 표를 살펴보자. 이 책을 운동 센터에 가져가 사용하고자 하는 독자들을 위해, 두 페이지에 걸쳐서 그 주에 했던 모든 동작들이 한눈에 보이도록 구성했다. 또한, 한 주의 영양 섭취와 건강에 관한 팁들을 수록하여 일주일치 운동을 새로 시작하기 전에 마음에 새길 수 있도록 했다.

운동을 시작하는 법, 운동을 마무리하는 법

워밍업

본격적인 운동을 시작하기 전에, 무엇이라도 좋으니 기분을 상승시킬 만한 활동을 하자. 생리학적으로 볼 때, '워밍업'이라고 해서 몸이 진짜로 따끈해지지는 않는다. 즉 신체 중심 온도가 실질적으로 올라가지는 않는다는 말이다. 워밍업의 효과는 우리가 기대했던 만큼 눈에 띄지는 않을지 모르지만, 해야 할 일을 앞두고 마음을 가다듬으며 뇌를 활동 모드로 전환시켜 준다.

우리 몸은 모두 조금씩 다르다. 다른 사람이 효과를 봤다 하더라도 막상 내가 했을 때는 훈련을 준비하는 데 별 도움이 되지 않을 수 있다. 그리고 어떤 동작을 하든, 스트레칭 중에는 근육에 과한 부담을 가하지 않도록 유의한다. 안 그러면 정해진 운동을 할 때 힘을 다 쓰지 못하게 되어 버린다. 저녁마다 내일 진행할 운동 프로그램의 세부 내용을 훑어보면서 운동을 시작하기 전에 워밍업으로 어떤 동작을 하면 좋을지 생각해보는 것도 도움이 된다. 이 방법을 사용하면 내일 해야 할 일을 머릿속에 새기고 마음의 준비를 할 수 있을 것이다.

쿨다운

하루치 운동을 마친 후 스트레칭을 하면 기분이 좋아진다. 뿐만 아니라, 우리 몸과 마음에 운동 시간이 끝났다는 메시지를 전달할 수 있다. 쿨다운을 진행하는 동안 우리 몸은 심박수가 낮아지고 휴식에 좀 더 가까운 상태로 접어들며 남은 하루를 준비하게 된다.

지금부터 월요일의 하체 운동, 화요일의 상체 운동, 목요일의 코어 운동을 마무리한 뒤 실시할 스트레칭 동작 몇 가지를 소개하려 한다. (수요일은 동적 스트레칭을 하는 날이기 때문에 추가로 스트레칭을 할 필요가 없다.) 약간의 변화를 주고 싶은 날에는 이 책 뒤쪽에 나와 있는 수요일의 동적 스트레칭 동작들을 활용해도 좋다. 금요일 전신 운동을 마무리한 뒤에는 월요일의 하체 스트레칭이나 화요일 상체 스트레칭 중 맘에 드는 동작을 조합해보자. 운동을 다 끝내고 하는 스트레칭도 좋지만, 세트 사이사이에 휴식하며 하는 스트레칭도 얼마든지 해도 좋다.

월요일
하체 스트레칭

종아리 스트레칭

손을 벽에 대거나 바를 잡아 중심을 잡는다. 한쪽 발은 반대쪽 발 뒤에 둔다. 앞쪽 발의 뒤꿈치가 바닥에 닿도록 유지한 채 엉덩이를 앞으로 살짝 빼면서 종아리를 길게 늘인다. 시작 자세로 돌아와 양발을 바닥에 나란히 둔다. 양발의 발가락은 바닥에 그대로 댄 상태에서 한쪽 발뒤꿈치를 들어 올려 페달을 밟듯 번갈아 움직이는 자세를 몇 초씩 반복한다. 동작이 끝나면 반대쪽 종아리도 동일하게 실시한다.

엉덩이 스트레칭

손바닥을 어깨 너비로 벌려 몸 앞쪽의 바닥을 짚는다. 한쪽 다리를 뒤로 뻗고, 반대쪽 다리는 무릎을 90도 굽혀 앞으로 내민다. 손바닥을 조금씩 앞으로 밀어내듯 움직이며 둔근(볼기근)이 길게 늘어나는 것을 느껴보자.

햄스트링 스트레칭

한쪽 다리를 반대쪽 다리 위에 올린다.
뒤쪽 다리를 끝까지 펴서 햄스트링을
고정하되, 근육에 힘을 집중한 채 가능한
깊게 앞으로 숙인다. 다리 위치를 바꾸어
반대쪽도 똑같이 반복한다.

종아리 스트레칭을 위한 다운독 자세 변형

손과 발을 어깨 너비 정도로 벌려 바닥을
짚고, 양다리는 최대한 길게 뻗어 요가의
다운독 자세를 취한다. 한쪽 다리를 반대쪽
다리의 아킬레스건 위에 교차 시키듯 올린
뒤 종아리가 스트레칭 되는 감각을 느낀다.
반대쪽도 동일하게 반복한다.

후면 근육 스트레칭

양발을 어깨 너비보다 넓게 벌린 채로 서서 무릎을 펴서 고정한다. 손은 모아 잡는다. 가능한 만큼 깊숙이 허리를 숙여 바닥을 짚어 본다. 유연성이 모자라 바닥에 손이 닿지 않더라도 너무 걱정하지 말자. 햄스트링이 기분 좋게 늘어나는 감각을 느껴야 한다. 괜찮다면 약간의 반동을 더해도 좋다.

스트레칭은 신체 산소 수치를 끌어올리고 목표한 근육의 혈액 순환을 촉진한다.

상체 스트레칭

가슴 스트레칭

발을 어깨 너비로 벌려 선다. 팔을 몸 뒤로 뻗어 양손을 마주잡는다. 양팔을 들어 올려 가슴(흉부) 근육이 늘어나는 감각을 느낀다.

어깨 스트레칭

한쪽 팔을 들어 반대편 가슴 쪽으로 길게 뻗는다. 다른 쪽 팔을 굽혀 팔꿈치 부근에 대고 가슴 쪽으로 끌어안듯이 누른다. 반대쪽도 동일하게 반복한다. 이 스트레칭으로 어깨가 유연해지고, 이는 바른 자세와 부상 예방에 큰 도움이 된다.

코어 스트레칭

코브라 자세

얼굴이 바닥을 향하도록 엎드린다. 발은 발가락이 몸 뒤쪽을 향하도록 길게 뻗는다. 아래 팔을 어깨 너비로 벌려 바닥을 짚는다. 그리고 가슴을 위로 들어 올린다. 스트레칭의 강도를 더 올리고 싶다면, 손을 멀리 밀어내듯 움직이면서 고개를 살짝 들어 올린다.

복사근 스트레칭

왼쪽 무릎을 바닥에 대고 오른쪽 다리를 옆으로 길게 뻗는다. 오른팔을 머리 위로 들어 올린다. 복사근(배빗근) 하부는 물론이고 늑간근(갈비사이근)까지 늘어나는 감각이 느껴져야 한다. 동시에 햄스트링이 가볍게 늘어날 것이다. 발 위치에 따라서 고관절 외전근(엉덩관절 벌림근)에도 자극을 느낄 수 있다. 동작이 끝나면 오른쪽 무릎이 바닥에 닿도록 자세를 반대쪽으로 바꾸어 동일하게 반복한다.

1주차

"평생 지속가능하면서도
결과가 확실한 운동
프로그램을 찾고 있다면,
더 이상 고민하지 마세요!"

존 크래신스키

영화 <콰이어트 플레이스>의 배우이자 감독

시동 걸기

원하는 목표에 가장 빠르게 도착하는 방법은 다름 아닌 여유 있게 시작하는 것이다. 운동 프로그램을 시작하자마자 지나치게 무리해서 속력을 내다보면, 제대로 시작해보기도 전에 기력이 꺾일 위험이 커진다.

적립식 운동법 : 5-2

나만의 리듬 찾기

배우들이 영화 촬영을 앞두고 트레이닝을 시작하는 경우, 첫 번째 주에는 배우들도 이미 활력이 넘치고 의욕이 가득한 상태이기 때문에 따로 동기부여를 시키지 않아도 된다. 오히려 반대의 경우도 있다. 열정이 과한 상태일 때는 프로그램 초반부터 스스로를 혹사시키지 않도록 마음을 진정시키고 달래줘야 한다. 운동을 할 때 열정은 아주 훌륭한 무기다. 하지만 그 에너지를 조절하는 방법을 익히고, 보다 신중하고 지속가능한 접근법을 적용하여 건강 목표에 다가서야 한다. 나의 고객들에게도 이 점을 자주 강조한다. 첫째 주부터 스스로를 너무 가혹하게 몰아붙여서는 10주까지 버텨내지 못할 것이 자명하다.

처음 며칠은 각자의 리듬과 속도를 확인하고, 이 도전에 어느 정도 노력을 투자할 수 있는지 확인하는 시간이다. 이 프로그램을 완성하려면 굳은 결심이 필요한 것은 사실이나, 이 점을 너무 심각하게 받아들인 나머지 시작부터 지나치게 힘을 빼지 않기를 바란다. 피트니스를 향한 여정과 그 진행 속도를 꾸준하게 유지하려면, 여러분이 지닌 에너지와 열정을 모조리 운동에 쏟아 붓는 일이 없어야 한다. 앞으로 10주 동안, 가족 관계나 커리어 등 인생의 다른 중요한 부분들에 필요한 여유도 남겨두어야 할 테니까.

스스로를 혹사시키지 말자

오랜 습관을 버리고 새로운 습관들을 만들어야 할 시간이 왔다. 하지만 첫 번째 주부터 너무 많은 것을 바꾸려다 보면 자연히 적응하기도 버거워진다. 섬세한 작업이 필요하다. 우리 뇌와 몸을 상대로 술래잡기를 하는 상황이라고 할 수 있다. 뇌와 몸은 변화를 싫어한다. 뇌와 몸이 우리의 계획에 반기를 드는 경우가 생길 수 있으므로, 애초에 건강관리를 꾀하고 있다는 사실을 눈치 채지 못하도록 해야 한다. 정신적 관점으로 보더라도 사람이 하루에 감당할 수 있는 생각의 양은 한정되어 있다. 그러므로 하루 종일 운동에 대해 고심하다 보면 뇌에 과부하가 걸려 정신적으로 항상 지쳐있는 상태가 되고 만다. 이는 결국 다음 날 운동을 할 때도 해로운 영향을 미쳐서 할 수 있는 동작도 못할 것만 같은 느낌이 들기도 한다. 출발선에 미처 도착하기도 전에 멈춰버리지 않도록, 이성적으로 행동하자.

운동을 시작하고 일상에 변화를 꾀하는 일은 어렵지 않아야 한다. 피트니스 프로그램이 지나친 부담으로 느껴져서는 안 된다. 그랬다가는 운동이 복잡하고 견디기 힘든 시간으로 탈바꿈하여 결국 얼마 지나지 않아 그만두게 된다. 일상의 루틴에 운동을 곁들였을 때, 원래부터 해왔던 일처럼 자연스럽게 느껴지는 편이 가장 이상적이다. 나의 오랜 경험에 따르면 내가 설계한 운동 프로그램을 진행하는 10주에 걸쳐서 가랑비에 옷을 적시듯 천천히 습관을 바꿔나가는 것이 좋다. 예를 들어 1주차에는 아침에 일어난 직후와 잠들기 직전에 물을 1잔씩 마셔서 수분 보충을 하는 식으로 자그마하고 단순한 변화를 꾀하면 어떨까. 이와 같은 습관들이 싹을 틔우고 뿌리내리게 해야 한다. 한 가지 습관이 완전히 익숙해지고 나면, 다른 새로운 습관에 도전할 차례다. 하지만 수분 보충이나 영양 섭취처럼 건강과 웰빙의 꿈을 이루는 데 필요한 모든 요소들을 첫째 주부터 완벽하게 바로잡을 수 있으리라 생각하지는 않길 바란다.

꿈은 현실적으로

앞서나가는 마음의 속도를 늦추기 위해 해야 할 일이 있다. 바로 기대치를 적정 수준으로 떨어뜨리는 것이다. 낯설고 익숙하지 않은 새로운 일을 시작할 때는 단기간에 이룰 수 있는 아주 쉬운 목표를 설정해야 한다. 그래야 한 발짝 위로 올라서서 성취감을 느낄 수 있다. 목표를 너무 크게 설정했다가는 목표에

다다르지도 못할 뿐더러, 끊임없이 실패했다는 생각에 사로잡히고 말 것이다. 이 책을 읽고 있는 독자 중에는 1주차에 수록된 동작 중 상당수 혹은 전부가 낯설게 느껴지는 사람도 있을 터이다. 새로 익혀야 할 내용이 잔뜩 있는데 거기에 새로운 습관까지 두어 개나 시작해야 하다니, 10주까지 어떻게 버텨야 할지 고민이 될지도 모른다. 자, 딱 한 가지만 기억하자. 시작부터 진을 다 빼지 말 것!

1주차 준비물

탄력밴드
바벨과 원판
벤치
스텝박스
덤벨
케틀벨, 원판, 또는 덤벨
AB슬라이드

처음부터 너무 무리하지 말자.
운동을 시작했다는 것,
그 자체만으로도 가장 힘든 단계를 넘어섰으니까.

"사이먼은 내가 달리기를 할 때 나오는
엔도르핀의 파도와 자유를 사랑한다는 사실을 간파했어요.
그리고 내 운동 프로그램의 워밍업이나 트레드밀
전력 달리기 등에 이 점을 적극 활용하곤 하죠."

톰 히들스턴

하체 운동

10~15 회 / 20~30 초	
15~20 회 / 30~40 초	
20~25 회 / 40~50 초	

동작 1: 스쿼트

양발을 어깨 너비로 벌리고, 발가락은 살짝 바깥쪽으로 둔 채로 선다. 무릎이 90도가 될 때까지 몸을 낮추고, 그대로 4초 동안 멈춘다. 발뒤꿈치로 바닥을 밀어내듯이 힘을 주고 몸을 일으켜 시작 자세로 돌아온다.

동작 2: 탄력밴드를 사용한 스텝

탄력밴드를 무릎 바로 위에 착용한다. 양발을 어깨 너비로 벌려 선 채 무릎을 살짝 굽힌다. 양손은 가슴 앞에 하나로 모아 깍지를 끼고, 시선은 정면을 향한다. 스쿼트를 한 자세 그대로 오른쪽으로 한 발짝, 왼쪽으로 한 발짝 번갈아 움직이며 사이드 스텝을 시작한다. 횟수는 각자의 운동 레벨에 맞게 조정한다. 그다음은 밴드의 탄력 저항을 유지한 채로, 왼쪽 발을 앞으로 25cm 내딛는다. 이후 오른발을 똑같이 25cm 앞으로 옮긴다. 왼쪽 발과 오른쪽 발을 순서대로 뒷걸음질 쳐서 제자리로 돌아온다.

동작 3: 런지

양발을 어깨 너비로 벌리고 선다. 한쪽 발을 뒤로 뻗어 런지 자세를 취한 뒤, 뒤쪽 무릎이
바닥에 살포시 닿을 때까지 다리를 낮춘다. 발로 바닥을 밀어내듯 몸을 일으켜 시작 자세로
돌아온다. 반대쪽으로 다리를 바꿔서 양쪽 동일한 횟수로 동작을 반복한다.

동작 4: 스텝박스

스텝박스를 앞에 두고 25cm 가량 떨어진 곳에 선다. 양발을 어깨 너비로 벌리고 팔은 몸
옆으로 나란히 둔다. 한 발짝씩 스텝박스 위로 올라 두 발로 선 뒤, 반대쪽 다리를 먼저 움직여
뒷걸음으로 내려온다. 점프해서 내려오는 행동은 피한다. 안전상 문제가 있을 뿐만 아니라,
특별한 효과가 있는 동작도 아니다. 횟수를 모두 채운 뒤 반대쪽도 동일하게 반복한다.

동작 5: 힙 쓰러스트

양 어깨뼈를 벤치 위에 올린 채 천장을 보고 눕는다. 양발은 어깨 너비, 무릎은 90도 각도로
유지한다. 엉덩이를 아래로 내려 바닥 위 2.5cm 높이에 둔다. 둔근(볼기근)을 수축하여
속도를 조절하면서 천천히 시작 자세로 돌아온다.

**몸을 일으켜 움직이자.
이제 새로운 도전을 앞두고
몸과 마음을 가다듬을 시간이다.**

상체 운동

10~15 회 / 20~30 초	
15~20 회 / 30~40 초	
20~25 회 / 40~50 초	

동작 1: 푸시업

양손을 어깨 너비로 벌려 바닥을 짚는다. 푸시업을 처음 해본다면 무릎을 바닥에 대고 양 발목을 교차하여 하나로 모으는 편이 쉽다. 양 팔꿈치가 90도 각도가 될 때까지 몸을 낮춘다. 바닥을 밀어내듯 몸을 올려 시작 자세로 돌아온다. 호흡은 힘을 주는 순간에 내쉰다.

강도를 높이고 싶을 때는 바닥에서 무릎을 뗀다. 다리를 쭉 편 상태에서 허리와 목의 중립을 유지한 채 동일한 동작을 반복한다. 보다 고급 단계의 동작을 원한다면 양손에 덤벨을 잡고 푸시업을 해보자. 덤벨을 잡으면서 손목이 펴지고, 그만큼 몸을 더욱 깊이 낮출 수 있다.

동작 2: 어깨 연속 동작

래터럴 레이즈 동작을 시작한다. 팔꿈치를 살짝 구부리고 덤벨을 양옆으로 들어 올려
양팔과 어깨가 일직선이 되도록 한다. 시작 자세로 돌아와서 래터럴 레이즈의 다음 동작인
숄더 프레스를 준비한다.

양손에 덤벨을 잡고 팔을 90도 각도로 굽힌다. 덤벨이 귀 옆으로 15cm 정도 떨어진 위치에
오게 한다. 천장을 향해 덤벨을 들어 올려서 두 덤벨의 모서리가 살포시 맞닿게 한다.
덤벨을 내려 어깨와 팔이 다시 한번 직각을 이루게 한다.

자세를 바꾸어 얼터네이트 프론트 레이즈를 준비한다. 덤벨이 허벅지에 닿도록 잡고, 팔꿈치를 살짝 구부린 채 한쪽 팔의 덤벨을 어깨 높이까지 들어 올린다. 그리고 천천히 제자리로 돌아온다. 반대쪽도 동일하게 반복한다.

자세를 바꾸어 벤트 오버 래터럴 레이즈를 준비한다. 무릎은 가볍게 굽힌다. 척주, 허리, 목의 중립을 유지해야 한다. 양팔을 늘어뜨려 덤벨을 가슴 아래쪽에 매달아 놓듯이 둔다. 팔꿈치를 살짝 구부린 채 덤벨이 양어깨와 수평을 이룰 때까지 위로 끌어올린다. 그리고 천천히 제자리로 돌아온다.

동작 3: 팔 연속 동작

양손에 덤벨을 들고, 다리에서 15cm 정도 떨어뜨린 위치에 둔다. 손바닥은 몸의 반대편을 향하도록 둔다. 팔꿈치를 굽혀 덤벨이 어깨 높이까지 오도록 천천히 들어 올린다. 마지막에 팔꿈치를 5cm만 위로 올려 근육에 자극을 더한다. 제자리로 돌아온다.

이번에는 손의 방향을 바꾸어, 손바닥이 몸을 마주 보고 덤벨이 다리 가까이에 오도록 한다. 덤벨이 어깨 높이까지 오도록 팔꿈치를 구부려 덤벨 컬 동작을 실시한다. 팔꿈치를 살짝 기울이듯 올렸다가, 제자리로 돌아온다.

트라이셉스 딥 동작을 할 때는 벤치가 필요하다. 손가락은 벤치 끝자락 바깥으로 삐져나오게 두고, 엉덩이가 아닌 손바닥 위에 앉아있다시피 한 느낌으로 자세를 잡는다. 팔꿈치가 90도가 될 때까지 몸을 낮춘다. 그리고 제자리로 돌아온다.

즐거운 마음으로 운동을 하자.
스스로에게 벌을 주는 행동은 금물이다.
그랬다가는 10주까지 버티지 못할 테니까.

동작 4: 바벨 로우

각자의 신체 능력에 적당한 무게의 원판을 바벨에 끼운 뒤, 바를 앞에 두고 선다. 무릎을 조금 구부리고 허리의 중립을 유지한다. 오버핸드 그립(손등이 위로 향하게 바를 쥐는 그립법으로, 반대로 손등이 아래로 향하면 언더핸드 그립-옮긴이)을 사용하여 바를 움켜쥐고, 바벨을 무릎께에 둔다. 등 근육을 뒤로 끌어당기고 넓은등근을 조이듯 움직여 바벨이 허벅지를 스치고 올라와 허리 부근에 오게 한다. 시작 자세로 돌아와 바벨을 무릎 근처에 둔다.

동작 5: 클린 앤 프레스

바벨에 적당한 무게의 원판을 끼운다. 바벨을 앞에 두고 양발을 어깨 너비로 벌려 선다. 오버핸드 그립을 사용하고 허리와 목의 중립을 유지한다. 바벨을 들어 올릴 때는 바가 허벅지를 자연스럽게 스쳐 지나가야 한다. 바가 어깨 높이에 다다르면 바를 빠르게 뒤집듯이 움직여 손바닥이 천장을 향하도록 한다. 팔꿈치가 쭉 펴지도록, 또는 관절이 잠길 때까지 바를 천장 쪽으로 들어 올린다. 바를 가슴 가까이로 내린 다음, 다시 한번 바를 뒤집어 허벅지 근처로, 그다음은 바닥에 완전히 내린다.

동적 스트레칭

10~15 회 / 20~30 초	
15~20 회 / 30~40 초	
20~25 회 / 40~50 초	

동작 1: 베어크롤과 비둘기 자세

양발을 어깨 너비로 벌리고 선다. 엉덩관절을 중심축으로 삼아 양손이 발밑 바닥에 닿을
때까지 몸을 숙인다. 손으로 앞을 향해 기어가 플랭크 자세를 취한다. 한쪽 다리를 앞으로
옮겨 무릎을 직각으로 굽힌 다음, 천천히 상체를 숙여 아래팔을 바닥에 내려놓는다. 근육이
스트레칭 되는 느낌이 가라앉기 시작하면 손가락을 쭉 펴고 가슴을 무릎 가까이로 낮춘다.
손을 앞으로 뻗어 양팔을 바닥에 바짝 붙이고 몸 아래에 있는 다리를 45도 각도로 더
굽힌다. 손을 어깨 너비로 유지하면서 바닥을 밀어내듯 몸을 일으키고, 다리는 원래 자리에
돌려놓는다. 손을 크게 움직이며 기어서 천천히 시작 자세로 돌아온다. 반대쪽 다리도
동일하게 반복한다.

동작 2: 베어크롤과 코브라 자세

양발을 어깨 너비로 벌리고 손은 몸 옆에 나란히 둔 채 선다. 엉덩관절을 중심축으로 삼아
양손이 발밑 바닥에 닿을 때까지 몸을 천천히 숙인다. 손으로 앞을 향해 기어가 플랭크
자세를 취한다. 이어서 골반 앞쪽을 바닥에 댄 채 가슴이 정면을 향하도록 들어 올려
코브라 자세를 취한다. 시작 자세로 돌아온다.

동작 3: 싯업과 요추 스트레칭

등을 바닥에 대고 눕는다. 다리를 구부려 무릎이 천장을 향하도록 들어 올리고 발바닥은
바닥에 붙인다. 손은 귀 뒤에 둔다. 일반적인 윗몸일으키기 자세를 하듯이 몸을 일으킨다.
몸을 완전히 세운 지점에 다다르면, 양다리를 쭉 뻗어 바닥에 딱 붙인다. 그리고 한쪽
무릎을 굽혀서 발목이 반대쪽 무릎의 안쪽에 닿도록 둔다. 위로 올린 무릎에 팔꿈치를 대고
허리 주변 근육이 가볍게 늘어나는 느낌이 들 때까지 몸을 회전한다. 시작 자세로 돌아와
반대쪽도 동일하게 반복한다.

동작 4: 게 스트레칭

손을 몸 앞에 두고 스쿼트 자세로 쪼그려 앉는다. 스쿼트를 한 상태 그대로 옆으로 걸어간 다음, 기어간 방향과 동일한 쪽으로 다리를 길게 뻗었다가 다시 스쿼트 자세로 돌아온다. 이번엔 반대쪽 방향으로 게걸음을 한다. 다리를 쭉 뻗었다가 스쿼트 자세로 돌아온다. 왼쪽과 오른쪽을 번갈아 반복한다.

동물의 행동을 모사한 운동 동작들을 통해
우리 몸이 본래 지닌
자연스러운 움직임을 되찾을 수 있다.

동작 5: 플라이오메트릭 점프

양발을 어깨 너비로 벌리고 선다. 손바닥이 바닥에 닿을 때까지 스쿼트 자세로 몸을
낮춘다. 양발을 뒤로 차듯이 쭉 뻗어 플랭크 자세를 취한다. 양 무릎이 가슴 가까이 오도록
재빨리 움직여 다리를 원래 자리로 돌려놓고 위로 점프한다. 다시 스쿼트 자세로 몸을 낮춰
손으로 바닥을 짚는다(플라이오메트릭은 근육을 짧은 시간에 강하고 반복적으로 이완·수축하는 훈련법이다.
버피테스트, 마운틴 클라이머 등 여러 동작이 있는데, 여기에서는 버피 동작의 일부를 응용하고 있다-옮긴이).

코어 운동

10~15 회 / 20~30 초	
15~20 회 / 30~40 초	
20~25 회 / 40~50 초	

동작 1: 플랭크, 파이크와 번갈아 어깨 짚기

바닥을 바라본 채 아래팔을 바닥에 대고 엉덩이를 들어 올려 플랭크 자세를 취한다. 둔근(볼기근)과 코어에 힘을 단단히 주고 허리의 중립을 유지한다. 엉덩이를 천장 쪽으로 높이 들어 파이크 자세를 취한 다음 시작 자세로 돌아온다.

자세를 바꾸어 익스텐디드 플랭크를 준비한다. 익스텐디드 플랭크는 푸시업을 할 때처럼 팔을 완전히 펴고 손바닥으로 바닥을 짚은 채로 진행한다. 왼팔을 들어 오른쪽 어깨를 가볍게 터치한 뒤 다시 바닥을 짚는다. 반대쪽도 동일하게 반복한다.

동작 2: 크런치, 레그 레이즈와 발 교차하기

크런치 동작을 시작한다. 바닥에 등을 대고 누워서, 발바닥을 어깨 너비로 벌린 채 지면에 밀착시킨다. 양손은 허벅지 위에 둔다. 손을 미끄러뜨리듯 움직여 무릎 꼭대기로 올린다. 동작을 진행하는 동안 허리의 중립을 유지한다. 시작 자세로 돌아온다.

레그 레이즈를 시작한다. 등을 대고 누운 채 다리를 수직으로 들어 올린다. 꼬리뼈 아래에 손바닥을 밀어 넣어 허리를 받친다. 다리를 천천히 낮추어 지면 위 15cm 높이에서 멈춘다. 복부 근육의 긴장을 늦추지 말고 단단히 힘을 줘서 허리가 바닥에 닿아 있도록 유지해야 한다. 시작 자세로 돌아온다.

이번에는 발 교차하기를 할 차례다. 마찬가지로 바닥에 등을 대고 꼬리뼈 아래에 손바닥을 집어넣어 누운 상태로 시작한다. 양다리를 들어 올려 지면 위 15cm 높이에서 멈춘다. 그다음엔 한쪽 발뒤꿈치를 바닥 위 5cm까지 조금 내렸다가 올린다. 반대쪽도 동일하게 내렸다가 올린다. 양다리를 교차하며 같은 동작을 반복한다.

동작 3: AB슬라이드 복부 롤아웃

AB슬라이드를 앞에 둔 채 바닥에 무릎을 대고 앉는다. 양손으로 슬라이드를 잡고 코어
근육에 힘이 들어갈 때까지 슬라이드를 굴려 미끄러지듯 앞으로 나간다. 2초간 멈췄다가
시작 자세로 돌아온다. 복부 롤아웃 동작을 다양한 방식으로 경험하고 싶다면 각도를 여러
방향으로 섞어도 좋다. 슬라이드의 방향을 왼쪽으로, 오른쪽으로, 그리고 직선으로 바꿔보자.

동작 4: 덤벨 사이드 벤드

양발을 어깨 너비로 벌리고 선다. 케틀벨, 원판, 덤벨 등 마음에 드는 근력 운동 도구를
선택해 한쪽 손으로 잡는다. 도구를 쥔 손은 아래로 내려 쭉 뻗고 반대쪽 손은 정수리
부근에 둔다. 도구를 들고 있는 방향으로 몸을 가로 낮추어 코어 근육, 복부 근육,
복사근(배빗근)에 힘이 들어갈 때까지 숙인다. 배에 힘이 들어갈 즈음이면 도구가 무릎
근처에 있을 것이다. 시작 자세로 돌아온 다음 반대쪽도 동일하게 반복한다.

동작 5: 엘보 투 니 크런치

등을 바닥에 대고 누운 채, 손은 관자놀이에 가볍게 댄다. 왼쪽 다리를 들어 올리면서 오른쪽 팔꿈치가 무릎에 맞닿도록 움직인다. 시작 자세로 돌아온다. 반대쪽 무릎과 팔꿈치도 동일하게 움직인다.

낡고 해로운 습관을 허문 뒤,
그 자리에 유익한 습관을
새로 짓는다고 생각해보자.

전신 운동

10~15 회 / 20~30 초	
15~20 회 / 30~40 초	
20~25 회 / 40~50 초	

동작 1: 가장 어려웠던 하체 동작

동작 2: 푸시업(38페이지 참조)

동작 3: 탄력밴드를 사용한 스텝(35페이지 참조)

동작 4: 바벨 로우(45페이지 참조)

동작 5: 클린 앤 프레스(45페이지 참조)

1주차 건강 습관

영양

- 아침에 일어나자마자 물 1잔을 마시는 습관을 기른다.
- 백색 정제 설탕 섭취를 제한하자. 혈당 수치가 급격하게 오르내리지 않도록 하는 데 도움이 된다. 에너지 수치가 치솟았다가 갑자기 추락하는 고혈당과 저혈당 모두를 피하기 위해 꼭 필요한 과정이다.
- 정제 탄수화물을 섭취하는 데 주의를 기울인다. 여기서 '정제'라는 말은 흰 빵, 흰 쌀, 흰 파스타 면과 같이 제조 과정을 많이 거친 음식이다. 특히 칼로리 섭취를 줄이고자 한다면, 정제 탄수화물을 줄이는 편이 칼로리 섭취량을 파악하는 데 도움이 된다.
- 이 시기에 낯선 음식을 맛보고 시식해보면 어떨까? 새로운 식재료로 영양소의 다양성을 확보하고 소화 기능을 개선할 수 있다.

웰빙

- 다른 무엇보다 숙면을 가장 중요하게 여겨야 한다. 제대로 휴식을 취한 뒤에 하루를 다시 시작하려면, 정신적으로 신체적으로 전원을 완전히 꺼두는 시간을 가져야 한다.
- 잠자리에 들기 전, 숙면에 도움이 되는 차를 마셔 보는 것은 어떨까? 차를 내리는 행위 자체가 우리 몸에 잠들 시간이 다 되어 간다는 신호를 보내줄 것이다.
- 가능하다면, 최소한 잠들기 전 1시간 동안은 휴대폰을 들여다보는 등 뇌를 깨울 만한 일을 삼가는 편이 좋다.

적립식 운동법 : 5-2

월요일 하체 운동	1. 스쿼트 2. 탄력밴드를 사용한 스텝 3. 런지 4. 스텝박스 5. 힙 쓰러스트
화요일 상체 운동	1. 푸시업 2. 어깨 연속 동작 3. 팔 연속 동작 4. 바벨 로우 5. 클린 앤 프레스
수요일 동적 스트레칭	1. 베어크롤과 비둘기 자세 2. 베어크롤과 코브라 자세 3. 싯업과 요추 스트레칭 4. 게 스트레칭 5. 플라이오메트릭 점프
목요일 코어 운동	1. 플랭크, 파이크와 번갈아 어깨 짚기 2. 크런치, 레그 레이즈와 발 교차하기 3. AB슬라이드 복부 롤아웃 4. 덤벨 사이드 벤드 5. 엘보 투 니 크런치
금요일 전신 운동	1. 가장 어려웠던 하체 동작 2. 푸시업 3. 탄력밴드를 사용한 스텝 4. 바벨 로우 5. 클린 앤 프레스
토요일 스포츠와 레저	집 밖으로 나와서 평소라면 하지 않을 만한 일을 해 보자. 자유롭고 충만한 느낌을 만끽하자. 달리기와 자전거 타기를 하면서 미니 철인 3종 경기에 도전해 보면 어떨까?

2주차

"작품을 위해 배우들의
몸을 만들 때, 사이먼은
항상 몸의 유기적 관계를
고려합니다. 이 점에서는
사이먼을 따라 올 사람이
없을 거예요. 훌륭하고
뛰어난 프로그램입니다."

베네딕트 컴버배치
BBC 드라마 <셜록>, 영화 <닥터 스트레인지>의 주인공

변화를 느끼며

그날의 감정이, 할 수 있는 일을 가늠하는 자신감을 얼마든지 좌우할 수 있다는 사실은 누구나 알고 있다. 우리는 매 순간 찾아오는 감정을 감당해야 한다. 피로감이나 호르몬의 영향까지 견뎌야 하는 순간도 있다. 하지만 어떻게 해야 기분을 다스릴 수 있는지 배우면, 언제라도 신체 능력을 향상시키기에 알맞은 마음가짐을 되찾을 수 있을 것이다.

적립식 운동법 : 5-2

운동선수들의 훈련 중 일부는, 운동선수 스스로 자신의 컨디션을 관리하는 방법이다. 운동선수들은 자신의 목적지가 어디에 있으며 그곳에 도착하려면 어느 길로 가야 하는지 잘 알고 있다. 거기에 시각화 테크닉(목표한 바를 머릿속에 이미지로 떠올리는 훈련법-옮긴이)을 동원하여, 신체 단련이라는 목표를 최우선으로 두고서 밀어붙여야 할 때와 물러나야 할 순간을 구분한다. 그 덕분에 운동선수들은 계속 앞으로 나아갈 수 있다. 이 프로그램의 효과를 최대한으로 끌어내고자 한다면 여러분도 운동선수처럼 행동해야 한다. 밀어붙여도 괜찮겠다는 느낌이 들 때는 강도를 높여 진전하는 속도를 높여보자. 또한 마찬가지로, 가끔은 망설이지 말고 걸음을 조금 늦춘 채 '느리게 가는 것이 더 빠르다'라고 마음에 새겨보자. 하루도 빠짐없이 최선을 다 할 필요는 없다.

정신력과 체력이 강해지면 신체 건강도 자연스레 따라오기 마련이다. 반대로 운동이 정신 건강에 도움이 되는 경우도 있

다. 하지만 오래 경험한 바로는, 이와 같은 운동 프로그램을 시작할 무렵에는 정신적 여유가 있는 편이 낫다. 그래야 기분이 좋지 않은 순간이 오더라도 힘든 시간을 잘 이겨낼 수 있기 때문이다. 피트니스 프로그램에 처음 도전하는 사람이라면 더더욱 초반부에 마음가짐을 잘 정돈해둬야 한다.

지금 이 순간에 집중하기

사람마다 다르기는 하지만, 월요일 아침마다 스스로의 마음 건강을 체크해보는 습관을 들이면 좋다. 물론 원한다면 월요일만이 아니라 매일 해도 좋다. 지난 시간을 돌아보면서 현재의 순간에 집중하고 호흡과 몸의 기능을 살펴볼 기회가 될 것이다. 오늘 아침에는 충만하고 활기찬 느낌이 드는가? 아니면 현재에 집중하지 못하고 있지는 않은가? 지금 이 순간에 집중하지 못하고, 과거에 하지 않았던 일이나 앞으로 해야 할 일에 마음을 빼앗기지는 않았는가? 뭔가 목적을 가지고 이 프로그램을

시작했을 테지만, 그래도 너무 먼 미래에 집착하지는 않기 바란다. 마음 건강 체크는 운동을 하기 전에 집이나 운동센터에서도 할 수 있다. 하루를 시작하기 전 침대에서 점검할 수 있도록 10분 전 알람을 맞춰도 좋다. 나에게 맞는 방식으로 마음을 다스리고 정신 건강을 유지할 수 있도록 체크리스트를 수정해도 좋다.

다음의 질문에 답해 보자

- 호흡의 상태는 어떤가?
- 심박수는 어느 정도인가?
- 집중력이 어느 정도인가?
- 잠은 잘 잤는가?
- 영양 섭취는 잘 했는가?
- 몸은 충분히 회복했는가?
- 오늘의 의욕에 점수를 준다면?
- 오늘의 심리 상태나 신체 컨디션에 1부터 10까지 점수를 매긴다면 몇 점을 주고 싶은가?

2주차 준비물

발목 모래주머니
탄력밴드
바벨과 원판
벤치
스텝박스
덤벨
케틀벨, 원판, 또는 덤벨
AB슬라이드

이런 마음 건강 체크리스트를 작성해오라고 고객들에게 요구한 적은 한 번도 없지만, 그래도 틈날 때마다 이런 방법이 있다는 사실을 이야기하곤 한다. 그리고 이 방법을 긍정적으로 생각하는 사람에게는 적극적으로 추천하기도 한다. 우리 뇌는 근육과 같아서 근육을 다루듯 대해야 한다. 근육을 단련시키듯 뇌를 단련시키고, 근육을 공부하듯 뇌를 이해해야 한다. 머리가 지끈거리는 날도 있을 테지만, 반대로 신나게 돌아가는 날도 있다. 관건은 기분이 영 좋지 않은 날에 진득하게 달라붙어 있는 그 감정을 떼어 버릴 확실한 방법을 찾는 것, 그리고 그 순간을 잘 흘려보내는 것이다. 스스로의 마음 상태를 살펴보고 집중력을 한층 끌어올릴 수 있다면, 정신을 가다듬고 운동 프로그램을 이어가는 데 커다란 무기가 될 것이다.

불안에 맞서기
호흡에 집중하기, 시각화, 명상, 이 3가지 방법은 모두 불안과

활기가 가득하고 충만한 하루하루를 보내고 있는가? 매주 월요일 아침에 마음 건강을 점검해보면 어떨까?

스트레스에 효과를 보인다. 입으로 하는 호흡에 비해 코로 숨을 쉬는 비강호흡의 효과가 훨씬 좋다는 사실은 매우 흥미롭다. 입이 콧구멍보다 훨씬 큰 만큼 구강호흡이 산소를 더 많이 빨아들일 수 있어서 더 낫지 않을까 하고 단순하게 생각할 수도 있다. 하지만 입의 구조는 본디 음식을 먹거나 말을 나누는 것을 목적으로 만들어졌다. 호흡은 코를 통해서 하는 편이 훨씬 좋다. 코로 숨을 들이마시면 산소의 양을 적당하게 섭취할 수 있음은 물론, 비강이 공기를 체온과 비슷한 온도로 데워 주므로 폐가 산소를 사용하기 딱 알맞은 상태가 된다. 코를 통해서 들어온 산소는 우리 몸 구석구석으로 보다 수월하게 분배된다. 코에서 나오는 산화질소라는 물질이 우리 몸의 혈관을 확장시키고 혈액순환을 원활하게 만들기 때문이다. 또한 코로 숨을 깊이 들이마시는 행동이 불안을 낮추는 데 도움이 된다는 사실도 증명되어 있다. 심호흡과 불안에 대해 자세히 알아보고자 한다면, 온라인에서 다양한 방법들을 찾아볼 수 있을 것이다.

시각화란 내가 원하는 목표를 구체화하고 인지하며 반드시 해내리라 믿게 되는 과정이다. 시각화는 목표 달성에 큰 도움이 된다. 그런데 놀랍게도, 이것이 신체 부상을 극복하는 데도 보조적 역할을 하는 것으로 보인다. 엘리트 운동선수들을 대상으로 시각화를 실시했을 때 긍정적 치료 효과를 보였다는 연구 결과도 있다. 회복이 필요한 신체 부위에 집중하면서 상처가 치유되는 이미지를 마음속으로 떠올리는 것이다. 그러면 뇌가 신호를 보내어 적절한 화학물질을 내보내고 치료를 시작하도록 도움을 준다.

또한 명상도 고객들에게 적극적으로 권하곤 한다. 명상은 마음 건강을 다스리고 정신을 한곳에 집중하는 데 아주 좋기 때문이다. 아직 명상을 해본 적이 없다면, 이번 주에 새롭게 도전해보면 어떨까?

눈에 보이는 성과 대신 몸의 감각에 집중하자

마음을 잘 다스려 두었다면, 이제 나머지 9주를 잘 헤쳐 나가는 데 필요한 가장 단단한 버팀목을 완성해둔 셈이다. 초반 몇 주간을 힘차게 보내면 몸과 마음의 변화를 금세 느낄 수 있다. 하지만 이번 주까지는 눈에 띄는 신체 변화를 기대하기 조금 이르다. 지금 당장은 눈에 띄는 변화보다 몸이 느끼는 감각을 살펴야 한다.

복부 둘레에 있는 지방, 즉 피하 지방이 벌써부터 2kg이나 훌쩍 없어졌을 리는 없지만, 그 대신 장기 사이사이에 있는 내장 지방 2kg이 연소되었을 가능성은 있다. 이는 정말로 중요하다. 우리 몸은 심장과 폐 주변에 있는 지방을 우선적으로 없애려고 한다. 장기들 사이사이에 여유 공간을 확보하고 압력을 줄이기 위해서다. 이는 심혈관계 순환을 원활하게 만든다. 프로그램 3, 4주차까지의 운동 효과가 몸속에서 이루어진다면, 이후부터는 우리 몸이 우선순위를 변경하고 피하 지방을 태우기 시작한다. 그러면 눈에 띄는 성과가 나타난다. 체성분이 바뀌고 있다는 사실을 눈으로 확인할 수 있을 것이다. 하지만 지금은 이 변화를 준비하기 위한 초석을 쌓는 시기이므로 인내심을 가져야 한다.

"사이먼이 없었다면 15년이라는 긴 세월 동안
제임스 본드 역할을 해내지 못했을 겁니다."

다니엘 크레이그

하체 운동

10~15 회 / 20~30 초	
15~20 회 / 30~40 초	
20~25 회 / 40~50 초	

동작 1: 내로우 스쿼트와 와이드 스쿼트

1주차의 일반 스쿼트에서 발의 각도를 바꾼 동작이다. 이번엔 내로우 스쿼트와 와이드 스쿼트를 할 것이다. 내로우 스쿼트를 할 때는 발끝이 바깥쪽을 향하게 두지 않고 정면을 향하게 한다. 무릎이 90도가 될 때까지 몸을 낮추고 그대로 4초간 멈춘다. 발뒤꿈치로 바닥을 밀어내듯이 일어나 시작 자세로 돌아온다.

이제 와이드 스쿼트 자세를 취해보자. 발을 넓게 벌리고 발끝은 살짝 바깥을 향하게 한다. 무릎이 90도가 될 때까지 몸을 낮추고 그대로 4초간 멈춘다. 발뒤꿈치로 바닥을 밀어내듯이 일어나 시작 자세로 돌아온다.

동작 2: 탄력밴드를 사용한 스텝과 사이드 점프

탄력밴드를 무릎 바로 위에 착용한다. 양발을 어깨 너비 정도로 벌리고 무릎을 살짝 굽힌다. 양손은 가슴 앞에 하나로 모아 깍지 끼고, 시선은 정면을 향한다. 먼저 사이드 스텝을 시작한다. 몸을 가볍게 낮춘 스쿼트 자세를 유지하며 오른쪽과 왼쪽으로 번갈아 걸음을 옮긴다. 반복 횟수는 본인의 운동 레벨에 알맞게 조정한다. 밴드의 탄력 저항을 유지한 채로, 왼쪽 발을 앞으로 25cm 내딛는다. 그리고 오른쪽 발도 똑같이 25cm 앞으로 옮긴다. 왼발과 오른발을 순서대로 뒷걸음질 쳐서 제자리로 돌아온다.

이번엔 사이드 점프를 할 차례다. 무릎을 완전히 펴고 허리를 중립으로 유지한다. 탄력밴드는 무릎과 발목 중간 즈음에 둔다. 밴드의 탄력 저항을 유지하면서 알맞은 반복 횟수만큼 옆으로 점프한다. 오른쪽도 동일한 횟수만큼 점프하여 제자리로 돌아와 시작 자세를 취한다.

동작 3: 도구를 사용한 런지

양손에 케틀벨이나 덤벨 등을 들고, 양발을 어깨 너비로 벌려 선다. 앞으로 발을 내밀어 런지 자세를 취한 뒤, 뒤쪽 무릎이 바닥에 살포시 닿을 때까지 다리를 내린다. 힘차게 몸을 위로 일으켜 시작 자세로 돌아온다. 반대쪽으로 다리를 바꿔서 양쪽 동일한 횟수로 동작을 반복한다.

프로그램을 본격적으로 시작한 지금,
눈에 띄지 않는 곳에서 움트고 있는
변화를 느껴보자.

동작 4: 스텝박스와 발목 모래주머니를 사용한 니 드라이브

발목에 모래주머니를 착용한다. 스텝박스를 앞에 두고 25cm 가량 떨어진 자리에 선다. 양발을 어깨 너비로 벌리고 팔은 몸 옆으로 나란히 둔다. 스텝박스 위로 걸어 올라선 다음 곧바로 이어서 니 드라이브(Knee Drive) 동작을 연결한다. 니 드라이브는 지면을 박차 무릎을 높이 올려서 한발로 서는 동작이다. 잠시 멈췄다가 무릎을 아래로 내린다. 스텝박스에서 내려온다. 횟수를 모두 채운 다음 반대쪽도 동일하게 반복한다(보통 우리나라에서는 '스텝업'으로 알려져 있다-옮긴이).

동작 5: 덤벨을 사용한 힙 쓰러스트

양손에 덤벨을 잡고, 양 어깨뼈를 벤치 위에 올린 채 천장을 보고 눕는다. 양발은 어깨 너비, 무릎은 90도 각도로 유지한다. 골반뼈 위에 덤벨을 올린 채 엉덩이를 아래로 낮추어 바닥 위 2.5cm 높이에 둔다. 둔군(볼기근)을 수축해 올리고, 속도를 조절하면서 천천히 시작 자세로 돌아온다.

상체 운동

10~15 회 / 20~30 초	
15~20 회 / 30~40 초	
20~25 회 / 40~50 초	

동작 1: 덤벨을 사용한 푸시업

운동에 익숙해지려면 다양한 응용 동작이 필수다. 손의 간격과 위치를 바꿔가며 푸시업을 할 때는 어깨 너비를 기준으로 두고 덤벨의 위치를 조정하면 된다. 어깨 너비여도 좋고, 어깨보다 좁거나 넓어도 좋다. 양 팔꿈치가 90도 각도를 이룰 때까지 몸을 낮춘다. 손으로 바닥을 밀어내듯 몸을 올려 시작 자세로 돌아온다. 호흡은 힘을 주는 순간에 내쉰다.

아직 초보자 단계에 있는 사람은 무릎을 바닥에 대고 푸시업을 시작해도 좋다. 중급이나 고급 레벨로 강도를 높일 때는 무릎을 바닥에서 떼고 다리를 쭉 편다. 허리와 목의 중립을 유지한 채 동일한 동작을 반복한다. 원한다면 자세를 변형하여 프리스타일 푸시업을 해도 좋다. 주어진 횟수를 모두 채울 수만 있다면 여러 동작을 조금씩 섞어 횟수를 달리 해도 좋다. 가장 쉽게 할 수 있는 동작을 선택하여 주어진 횟수 이상을 채우거나, 가장 힘들게 느껴지는 동작을 더해 스스로를 시험해볼 수도 있다.

동작 2: 하프 레이즈를 포함한 어깨 연속 동작

래터럴 레이즈를 할 때 덤벨을 반만 들어 올리면 근육이 긴장을 한시도 늦출 수 없게
된다. 팔꿈치를 살짝 구부리고 덤벨을 양옆으로 들어 올린다. 이때 덤벨을 어깨 높이의
절반까지만 올린다.

시작 자세로 돌아와서 래터럴 레이즈에서 숄더 프레스로 자세를 바꾼다. 양손에 덤벨을
잡고 팔을 90도 각도로 굽힌다. 덤벨이 귀 옆으로 15cm 정도 떨어진 위치에 오게 한다.
천장을 향해 덤벨을 들어 올려서 두 덤벨의 모서리가 살포시 맞닿게 한다. 덤벨을 내려
어깨와 팔이 다시 한번 직각을 이루게 한다.

자세를 바꾸어 프론트 레이즈를 준비한다.
덤벨이 허벅지에 살짝 닿도록 잡고,
팔꿈치를 가볍게 구부려 양팔의 덤벨을
한꺼번에 어깨 높이까지 들어 올린다.
그리고 시작 자세로 돌아온다

자세를 바꾸어 벤트 오버 래터럴 레이즈를
준비한다. 무릎은 가볍게 구부린다. 척주,
허리, 목의 중립을 유지한다. 팔을 늘어뜨려
가슴 아래 무릎 앞쪽에 매달아 놓듯이
덤벨을 둔다. 팔꿈치를 살짝 구부린 채,
어깨 뒷면이 수축하는 느낌을 받으며
덤벨이 양어깨와 수평을 이룰 때까지
끌어당긴다. 시작 자세로 돌아온다.

동작 3: 팔 연속 동작(42페이지 참조)

트라이셉스 딥 동작에 저항을 더하고 싶을
때는 벤치를 2개로 해보자. 추가로 가져온
벤치에 양다리를 올리면 된다. 팔꿈치가
90도가 될 때까지 몸을 낮췄다가 제자리로
돌아온다.

동작 4: 바벨 로우 플라이오메트릭

적당한 무게의 원판을 바벨에 끼운 뒤, 바를 앞에 두고 선다. 무릎을 조금 구부리고 허리의 중립을 유지한다. 오버핸드 그립을 사용하여 바를 움켜쥐고 들어 올려 바벨을 무릎께로 가져온다. 등 근육을 뒤로 끌어당기고 넓은등근을 짜내듯이 움직여 바벨이 허벅지를 스치고 올라와 허리께에 오도록 한다.

이어서 바벨을 바닥에 내려놓고 플라이오메트릭 동작을 실시한다. 양발을 힘껏 굴러 발을 뒤로 쭉 뻗었다가 다시 바 가까이로 점프하여 돌아온다. 처음 시작 자세로 돌아와 반복한다(사진처럼 원형 바벨을 사용할 경우 바벨이 굴러서 안면 부상을 입을 위험이 있으므로, 초보자는 각이 진 바벨이나 덤벨을 사용하는 편을 추천한다-옮긴이).

동작 5: 클린 앤 프레스(45페이지 참조)

동적 스트레칭

10~15 회 / 20~30 초	
15~20 회 / 30~40 초	
20~25 회 / 40~50 초	

동작 1: 베어크롤과 비둘기 자세(46페이지 참조)

동작 2: 베어크롤과 코브라 자세(47페이지 참조)

동작 3: 싯업과 요추 스트레칭(47페이지 참조)

동작 4: 게 스트레칭(48페이지 참조)

동작 5: 플라이오메트릭 점프(49페이지 참조)

코어 운동

10~15 회 / 20~30 초	
15~20 회 / 30~40 초	
20~25 회 / 40~50 초	

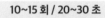

동작 1: 플랭크, 파이크와 번갈아 어깨 짚기(51페이지 참조)

동작 2: 크런치, 레그 레이즈와 발 교차하기(52페이지 참조)

동작 3: AB슬라이드 복부 롤아웃(53페이지 참조)

동작 4: 덤벨 사이드 벤드(53페이지 참조)

동작 5: 엘보 투 니 크런치(54페이지 참조)

전신 운동

	10~15 회 / 20~30 초
	15~20 회 / 30~40 초
	20~25 회 / 40~50 초

동작 1: 가장 어려웠던 하체 동작

동작 2: 덤벨을 사용한 푸시업(68페이지 참조)

동작 3: 탄력밴드를 사용한 스텝과 사이드 점프(65페이지 참조)

동작 4: 바벨 로우 플라이오메트릭(71페이지 참조)

동작 5: 클린 앤 프레스(45페이지 참조)

2주차 건강 습관

영양

- 접시에 최대한 다양한 색상의 음식을 담는 '무지개 식단'으로 끼니를 챙기자. 무지개 식단은 영양가 높은 음식을 고르는 데 도움이 될 뿐만 아니라, 다양한 영양소를 골고루 챙기도록 해준다.
- 우유를 즐겨 마신다면 견과류 밀크로 바꿔보는 것은 어떨까? 견과류에는 비타민이 풍부하게 들어 있으며, 설탕을 첨가하지 않은 견과류 밀크는 칼로리도 우유보다 적다.
- 나쁜 습관에 대한 대비책을 세우자. 오후 3시에서 4시 사이에 식욕이 커지는 경향이 있다면, 한 시간 전에 물 1잔과 건강한 간식을 준비한다. 10주 프로그램을 진행하는 동안은 물론, 그 이후에도 지속할 수 있는 습관을 만들자.

웰빙

- 차, 커피, 당분이 첨가된 음료는 숙면을 방해하므로 취침 전에 마시지 않는다.
- 우리 몸은 루틴을 좋아한다. 매일 밤 똑같은 시간에 잠들면 숙면을 취하는 데 도움이 된다.
- 운동을 저녁에 하는 경우, 적어도 잠들기 2시간 전에는 운동을 끝내서 몸이 안정을 찾고 긴장을 내려놓을 시간을 벌어야 한다.
- 최대한 운동 시간을 편하게 만들어야 한다. 다시 말해 운동 장소를 집에서 가까운 곳으로 정해두면, 한 주의 운동 세션을 빼먹기 위한 핑계를 찾는 일이 줄어들 것이다.

월요일 하체 운동	1. 내로우 스쿼트와 와이드 스쿼트 2. 탄력밴드를 사용한 스텝과 사이드 점프 3. 도구를 사용한 런지 4. 스텝박스와 발목 모래주머니를 사용한 니 드라이브 5. 덤벨을 사용한 힙 쓰러스트
화요일 상체 운동	1. 덤벨을 사용한 푸시업 2. 하프 레이즈를 포함한 어깨 연속 동작 3. 팔 연속 동작 4. 바벨 로우 플라이오메트릭 5. 클린 앤 프레스
수요일 동적 스트레칭	1. 베어크롤과 비둘기 자세 2. 베어크롤과 코브라 자세 3. 싯업과 요추 스트레칭 4. 게 스트레칭 5. 플라이오메트릭 점프
목요일 코어 운동	1. 플랭크, 파이크와 번갈아 어깨 짚기 2. 크런치, 레그 레이즈와 발 교차하기 3. AB슬라이드 복부 롤아웃 4. 덤벨 사이드 벤드 5. 엘보 투 니 크런치
금요일 전신 운동	1. 가장 어려웠던 하체 동작 2. 덤벨을 사용한 푸시업 3. 탄력밴드를 사용한 스텝과 사이드 점프 4. 바벨 로우 플라이오메트릭 5. 클린 앤 프레스
토요일 스포츠와 레저	오늘은 자전거를 타보자! 마지막으로 자전거를 타고 장거리 여행을 떠난 적이 언제인가?

3주차

"사이먼의 트레이닝은
군더더기가 없어요.
허세라고는 전혀 없죠.
그는 놀라울 정도로
노련해요."

레이첼 와이즈

영화 <미이라 1~2>의 주인공이자 <블랙 위도우>의 멜리나 역

한 발짝 앞으로

신체 능률이 오르고 건강해질수록, 우리 몸은 에너지와 회복, 독소 배출에 사용할 특정 영양소들을 보다 많이 필요로 한다. 우리가 소망하고 성취하고자 하는 바를 이루는 데 적합하며, 균형 또한 잘 잡힌 영양소를 섭취해야 한다.

적립식 운동법 : 5-2

10주 프로그램의 한 주 한 주가 지나갈수록 식단의 중요성은 점점 커진다. 처음 몇 주 동안은 부엌 찬장의 달달한 주전부리들 상당수를 치워 버리는 등의 첫 번째 단계를 시작했을 것이다. 3주차부터는 이 프로그램의 효과를 몸소 느끼기 시작할 무렵이다. 이때는 온라인 쇼핑으로 물건을 고르거나 슈퍼마켓에서 장바구니를 채울 때 선택하는 식재료가 이전과는 다르게 좋은 쪽으로 달라져 있어야 한다. 우리 몸은 지금이 바로 식단을 개선해야 할 때라고 외치고 있다. 몸이 요구하는 바에 귀를 기울여 보자.

몸의 회복과 에너지를 위해 어떤 음식을 섭취하고 있는지, 그리고 무엇을 먹어야 호르몬 수치를 적절한 수준으로 유지하는 데 필요한 지방산(아보카도, 견과류와 몇몇 생선)과 양질의 필수 지방을 섭취할 수 있는지 살펴보자. 신체 훈련을 뒷받침하기 위해 따르고 있는 식단을 매 순간 수정하고 개선함으로써, 오래된 습관을 끊어내고 새로운 습관을 만드는 것이다.

변화는 진행 중

영양 섭취란 앞으로 나아가기 위한 과정 중 하나이며, 매 순간 바뀐다고 생각하는 편이 좋다. 섭취하는 칼로리의 총량은 같더라도 탄단지 비율, 즉 탄수화물, 단백질, 그리고 양질의 지방에서 얻을 수 있는 칼로리의 비율에 변화를 주는 것이다. 이 10주 프로그램을 통해 이루고자 하는 목표에 따라 지켜야 할 식단도 달라진다. 예를 들어 체중 감량을 원한다면 칼로리 결핍 상태, 즉 칼로리 소모량이 섭취량보다 커서 태운 칼로리가 먹고 마신 칼로리보다 더 많은 상태를 유지해야 한다.

하루 3번의 식사를 각각 반으로 나눠서 하루에 6끼의 '브런치'를 먹기로 결심할 수도 있다. 혹은 3번의 메인 식사와 3번의 간식을 선호할 수도 있고, 아니면 하루에 6시간 동안만 음식을 섭취하는 간헐적 단식을 선택할 수도 있다. 간헐적 단식은 6시간을 시작할 때와 끝날 때 든든한 한 끼를 먹고 나머지 18시간은 공복을 유지하는 식사법이다. 예를 들어, 오전 9시에 식사를 한 다음 오후 3시에 한 번 더 식사를 한다. 그리고 이후부터는

다음 날 아침 9시까지 아무것도 먹지 않는 것이다. 이때 무엇을 먹을지는 각자의 목표에 따라, 그리고 각자 지속할 수 있는 방식에 따라 변한다. 나는 그 어떤 경우에도 특정 음식을 금기시할 필요가 없다고 믿는다. 어떤 음식을 먹지 않겠다고 결심하면, 그 순간 우리의 집중력은 불리한 쪽으로 작동한다. 나도 모르게 먹을 수 없는 음식에 집착하게 된다. 심리학적으로도, 먹고 싶은 음식을 적당량 즐기는 정도는 괜찮다고 생각하는 편이 훨씬 낫다.

지속가능한 방식으로

원한다면 이번 주에는 가끔 와인이나 맥주 1잔 정도를 마셔도 좋다. 대체로 피트니스 프로그램을 시작한 사람은 음주량을 줄이려고 하는 경우가 많다. 하지만 일주일을 열심히 지내고 나면 보상으로 금요일이나 토요일 저녁에 술 한 잔이 생각나기도 한다. 그 정도는 얼마든지 마셔도 된다. 완전한 금주에 비하면 훨씬 지속가능성이 있는 접근법이기도 하다. 사람은 본디 사회적인 동물이다. 때로는 친구나 가족과 술잔을 부딪치며 스트레스를 내려놓고 싶은 날이 생기기도 한다. 평소 술을 즐기던 사람이 10주 동안이나 술을 한 모금도 마시지 않고 참으려 했다가는 프로그램을 마친 이후 그간 참았던 욕구를 터뜨리게 될 가능성도 커진다. 프로그램을 완수한 보상이 음주여서는 안 된

3주차 준비물

탄력밴드 2개

바벨과 원판

벤치

보수

스텝박스

덤벨

케틀벨, 원판, 혹은 덤벨

AB슬라이드

다. 이 프로그램을 성공적으로 마치고 우리에게 주어질 보상은 다름 아닌 건강이어야 한다. 지금 우리가 하는 이 도전을 10주 안에 끝나는 이벤트가 아니라 앞으로의 인생을 위해 새로운 습관을 마련하는 계기라고 생각해보면 어떨까?

근육이 생기는 장소는 운동센터가 아니다.
근육은 주방에서 생긴다.

하체 운동

	10~15 회 / 20~30 초
	15~20 회 / 30~40 초
	20~25 회 / 40~50 초

동작 1: 보수를 사용한 스쿼트

중심을 잡기 어렵도록 보수의 편평한 부분을 위로 둔 채 그 위에 올라선다. 양발을 어깨 너비로 벌리고, 발가락은 살짝 바깥쪽으로 둔다. 무릎이 90도가 될 때까지 몸을 낮추고, 그대로 4초간 멈춘다. 발뒤꿈치로 바닥을 밀어내듯이 몸을 일으켜 시작 자세로 돌아온다.

특정 음식을 금지하지 말자.
그 음식을 먹을 수 없다고 생각하면
집착만 커질 뿐이다.

동작 2: 탄력밴드 2개를 사용한 스텝

첫 번째 밴드는 무릎 위에, 두 번째는 발목 바로 위에 착용한다. 양발을 어깨 너비로 벌리고 무릎을 살짝 굽힌다. 양손은 가슴 앞에 하나로 모아 깍지를 끼고, 시선은 정면을 향한다. 몸을 가볍게 낮춘 스쿼트 자세를 유지하며 왼쪽 오른쪽으로 번갈아 움직이는 사이드 스텝을 시작한다. 반복 횟수는 각자의 운동 레벨에 맞게 조정한다.

그다음에는 밴드의 탄력 저항이 느껴질 때까지 왼쪽 발을 앞으로 25cm 내딛는다. 이후 오른발을 똑같이 25cm 앞으로 옮긴다. 왼발과 오른발을 순서대로 뒷걸음질 쳐서 제자리로 돌아온다.

동작 3: 보수를 사용한 스프린터 런지와 니 드라이브

보수의 단단한 부분을 위로 두고 시작한다. 한쪽 발은 보수 한가운데에 올리고, 반대쪽 발은 뒤쪽에서 런지 자세를 취한다. 뒤에 있는 다리를 앞으로 옮겨 보수 위에 선다. 바로 이어서 무릎을 90도 각도로 들어 올려 한발로 선다(니 드라이브). 시작 자세로 돌아온다. 발을 바꿔서 반대쪽도 동일하게 반복한다(운동을 처음 하는 사람이나 보수의 불안정성이 익숙하지 않은 사람은 보수를 뒤집어 단단한 부분이 바닥을 향하게 해보자. 이렇게 하면 난이도를 낮출 수 있다-옮긴이).

동작 4: 스텝박스 점프

스텝박스를 앞에 두고 25cm 떨어진 곳에
선다. 양발을 어깨 너비로 벌리고 팔은 몸
옆에 나란히 둔다. 스쿼트 자세를 취한다.
폴짝 점프하여 스쿼트 자세를 유지한 채로
스텝박스 위에 두 발로 올라선다. 다리를
펴서 자리에 선다. 스텝박스에서 한 발씩
내려와 시작 자세로 돌아온다.

동작 5: 원 레그 힙 쓰러스트

양 어깨뼈를 벤치 위에 올린 채 한쪽
다리를 천장 쪽으로 쭉 뻗는다. 엉덩이를
아래로 내려 바닥 위 2.5cm 높이에 둔다.
둔근(볼기근)을 수축하여 시작 자세로
돌아온다. 다리를 바꾸어 반대쪽도
동일하게 반복한다.

상체 운동

10~15 회 / 20~30 초	
15~20 회 / 30~40 초	
20~25 회 / 40~50 초	

동작 1: 보수를 사용한 푸시업

보수의 단단한 부분이 위를 향하도록 두고, 손으로 보수의 양쪽 가장자리를 잡는다. 이 운동이 익숙하지 않다면 무릎을 바닥에 대고 양 발목을 교차하여 하나로 모으는 편이 쉽다. 양 팔꿈치가 90도 각도가 될 때까지 몸을 낮춘다. 바닥을 밀어내듯 몸을 올려 시작 자세로 돌아온다. 호흡은 힘을 주는 순간에 내쉰다.

강도를 올리고 싶을 때는 바닥에서 무릎을 떼고 다리를 쭉 편다. 허리와 목의 중립을 유지한 채 같은 동작을 실시한다.

동작 2: 벤치를 사용한 어깨 연속 동작

벤치에 앉아 있으면 하체를 사용할 수 없으므로, 이렇게 상체 근육을 고립시키고(isolation, 반동이나 다른 근육군의 개입을 막고 타깃 근육에 자극을 집중할 수 있도록 신체 일부를 고정하거나 움직임을 제한하는 방법-옮긴이) 래터럴 레이즈를 시작한다. 팔꿈치를 살짝 구부리고 덤벨을 양옆으로 들어 올려 양팔과 어깨가 수평을 이루게 한다. 그리고 시작 자세로 돌아온다.

자세를 바꾸어 숄더 프레스를 준비한다. 양손에 덤벨을 잡고 팔을 90도 각도로 굽힌다. 덤벨이 귀 옆으로 15cm 정도 떨어진 위치에 오게 한다. 천장을 향해 덤벨을 들어 올려서 두 덤벨의 모서리가 살포시 맞닿게 한다. 덤벨을 내려 어깨와 팔이 다시 한번 직각을 이루게 한다.

자세를 바꾸어 한 팔씩 프론트 레이즈를 할 준비를 한다. 덤벨이 허벅지에 닿도록 잡고,
팔꿈치를 살짝 구부린 채 덤벨을 하나씩 어깨 높이까지 들어 올린다. 그리고 제자리로
돌아온다. 반대쪽도 동일하게 반복한다.

자세를 바꾸어 벤트 오버 래터럴 레이즈를 준비한다. 이때 척주, 허리, 목의 중립을
유지해야 한다. 양팔을 늘어뜨려 덤벨을 가슴 아래, 정강이 가까이에 매달아 놓듯이 둔다.
팔꿈치를 살짝 구부린 채 덤벨이 양어깨와 수평을 이룰 때까지 위로 끌어올린다. 그리고
제자리로 돌아온다.

동작 3: 벤치를 사용한 팔 연속 동작

벤치에 앉아 있으면 팔 근육을 고립시킬 수 있다. 양손에 덤벨을 들고, 다리에서 15cm 정도 떨어뜨린 위치에 둔다. 손바닥은 몸의 반대편을 향하도록 둔다. 팔꿈치를 굽혀 덤벨이 어깨 높이까지 오도록 천천히 들어 올린다. 마지막에 팔꿈치를 5cm만 위로 올려 근육에 자극을 더한다. 제자리로 돌아온다.

이번에는 손의 방향을 바꾸어, 손바닥이 몸을 마주 보고 덤벨이 다리 가까이에 오도록 한다. 덤벨이 어깨 높이까지 오도록 팔꿈치를 구부려 덤벨 컬 동작을 실시한다. 팔꿈치를 살짝 기울이듯 올려서 상완이두근(위팔두갈래근)에 자극을 더한 다음 제자리로 돌아온다.

트라이셉스 딥 동작을 할 때는 벤치가 필요하다. 저항을 추가하고자 할 때는 벤치를 2개 사용하여 한쪽 벤치에 양다리를 올린다(43페이지와 70페이지 참조). 손가락은 벤치 끝자락 바깥으로 삐져나오게 두고, 엉덩이가 아닌 손바닥 위에 앉아있다시피 한 느낌으로 자세를 잡는다. 팔꿈치가 90도가 될 때까지 몸을 낮춘다. 그리고 제자리로 돌아온다.

동작 4: 인클라인 덤벨 로우

벤치의 경사를 45도 정도로 조절한 뒤, 벤치에 몸의 앞면을 대고 엎드린다. 적당한 무게의 덤벨을 양손에 잡고 몸 앞쪽으로 늘어뜨린다. 양손의 덤벨을 동시에 뒤로 끌어당겨 가슴 높이까지 올라오도록 양 어깨뼈 사이를 하나로 쥐어짜듯이 모은다. 천천히 시작 자세로 돌아온다.

동작 5: 클린 앤 프레스 (45페이지 참조)

우리 몸은 모든 동작을 가장 효율적인 방법으로
100% 완벽하게 처리하려고 애쓴다.
여러분이 할 일은 그 일을
가능하게 만들어주는 것이다.

3 주차 / 수요일
동적 스트레칭

10~15 회 / 20~30 초
15~20 회 / 30~40 초
20~25 회 / 40~50 초

동작 1: 베어크롤과 비둘기 자세(46페이지 참조)

동작 2: 베어크롤과 코브라 자세(47페이지 참조)

동작 3: 싯업과 요추 스트레칭(47페이지 참조)

동작 4: 게 스트레칭(48페이지 참조)

동작 5: 플라이오메트릭 점프(49페이지 참조)

3 주차 / 목요일
코어 운동

10~15 회 / 20~30 초
15~20 회 / 30~40 초
20~25 회 / 40~50 초

동작 1: 플랭크, 파이크와 번갈아 어깨 짚기(51페이지 참조)

동작 2: 크런치, 레그 레이즈와 발 교차하기(52페이지 참조)

동작 3: AB슬라이드 복부 롤아웃(53페이지 참조)

동작 4: 덤벨 사이드 벤드(53페이지 참조)

동작 5: 엘보 투 니 크런치(54페이지 참조)

전신 운동

10~15 회 / 20~30 초	
15~20 회 / 30~40 초	
20~25 회 / 40~50 초	

동작 1: 가장 어려웠던 하체 동작

동작 2: 보수를 사용한 푸시업(83페이지 참조)

동작 3: 탄력밴드 2개를 사용한 스텝(81페이지 참조)

동작 4: 인클라인 덤벨 로우(87페이지 참조)

동작 5: 클린 앤 프레스(45페이지 참조)

3주차 건강 습관

영양

- 가공이 많이 된 음식을 멀리하고, 신선하고 질이 좋은 식재료를 구입하여 요리를 하는 것이 이 프로그램을 완수하는 성패를 가름한다. 물론 시간의 제약이 있을 테지만, 가공식품을 피하는 정도만으로도 컨디션이 크게 좋아질 수 있다. 몸이 에너지를 만들고 회복하는 데 필요한 영양소가 풍부한 음식을 섭취할 수 있을 것이다.
- 커피를 즐겨 마신다면 운동 시작 30분 전에 커피 1잔을 추천한다. 커피가 뇌를 자극하여 몸이 활동 모드에 들어서도록 도움을 준다.
- 이탈리아 사람들의 습관을 따라 해보면 어떨까? 에스프레소 1잔과 더불어 물을 함께 마시는 것이다. 몸을 깨우는 동시에 수분 섭취를 할 수 있다.
- 훈련을 마친 후 30분 동안은 우리 몸이 특정 영양군을 아주 잘 받아들인다. 이 시간 안에 음식 섭취를 해보자. 그중에서도 탄수화물과 단백질이 적당히 섞인 음식이 가장 좋다. 탄수화물은 에너지 보충에, 단백질은 근육 회복에 도움이 되기 때문이다.

웰빙

- 육체적 피로가 우리의 앞길을 막아서기 훨씬 전에 정신적 피로가 먼저 찾아온다는 사실을 알고 있어야 한다. 이번 주는 스스로를 잘 보살피고 마음 상태를 정기적으로 살펴보자.
- 잠드는 데 어려움이 있다면 며칠 정도 친구와 함께 지내거나, 하다못해 잠자는 방을 다른 곳으로 바꿔보면 어떨까? 수면 환경에 변화를 주면 나쁜 수면 습관의 패턴을 깨뜨리는 데 도움이 된다.
- 나쁜 수면 습관을 지나치게 염려하지 말자. 걱정이 오히려 역효과를 불러온다. 오늘 밤은 편안하게 잘 수 있다고 스스로를 달래보자. 설령 오늘 잠을 조금 설친다 하더라도 조만간 괜찮아 질 것이다. 여러분의 몸은 여러분이 잘 다스릴 수 있다.

적립식 운동법 : 5-2

월요일 하체 운동	1. 보수를 사용한 스쿼트 2. 탄력밴드 2개를 사용한 스텝 3. 보수를 사용한 스프린터 런지와 니 드라이브 4. 스텝박스 점프 5. 원 레그 힙 쓰러스트
화요일 상체 운동	1. 보수를 사용한 푸시업 2. 벤치를 사용한 어깨 연속 동작 3. 벤치를 사용한 팔 연속 동작 4. 인클라인 덤벨 로우 5. 클린 앤 프레스
수요일 동적 스트레칭	1. 베어크롤과 비둘기 자세 2. 베어크롤과 코브라 자세 3. 싯업과 요추 스트레칭 4. 게 스트레칭 5. 플라이오메트릭 점프
목요일 코어 운동	1. 플랭크, 파이크와 번갈아 어깨 짚기 2. 크런치, 레그 레이즈와 발 교차하기 3. AB슬라이드 복부 롤아웃 4. 덤벨 사이드 벤드 5. 엘보 투 니 크런치
금요일 전신 운동	1. 가장 어려웠던 하체 동작 2. 보수를 사용한 푸시업 3. 탄력밴드 2개를 사용한 스텝 4. 인클라인 덤벨 로우 5. 클린 앤 프레스
토요일 스포츠와 레저	수영, 요가, 필라테스, 달리기 등… 매주 여러 가지 스포츠와 운동을 다방면으로 즐겨보면 어떨까?

4주차

"사이먼은 내가 만나본
트레이너들 중에서 가장
똑똑해요. 게다가 내가
아는 사람들 중에 가장
마음이 따뜻한 사람 중
하나이기도 하죠."

데이브 바티스타

영화 <가디언즈 오브 갤럭시 1~3>의 드랙스 역

좀 더 속도를 올리자

이제 우리 몸이 이 프로그램의 운동 패턴에 익숙해졌을 것이다. 노력의 결실도 눈에 보이기 시작한다. 열심히 운동한 효과가 본격적으로 나타나고 있다는 느낌이 든다. 어쩌면 운동이 전보다 쉽게 느껴질 수도 있다. '이거 꽤 재미있는데!'라고 생각하게 되었다면 더할 나위 없겠다.

적립식 운동법 : 5-3

몸과 마음의 준비가 되었다면, 앞서 3주 동안 했던 것보다 조금 더 강하게 밀어붙일 때가 되었다. 하지만 너무 무리할 필요는 없다.

이 시기가 되면 운동이 이전보다 편안하게 느껴진다. 운동과 회복, 영양의 3박자가 제 리듬을 맞춰 나가기 시작했기를, 적어도 그 균형에 가까워졌기를 바란다. 운동이 일상 속에 녹아 들어 모든 과정이 자연스럽게 느껴지고, 처음 시작했을 때보다 쉽게 느껴진다. 프로그램을 시작하고 처음 3주 동안은 그날 해야 할 과업들을 번번이 되새기느라 제법 많은 심리적 에너지를 소모했을 테지만, 지금은 거의 무의식적으로 운동을 수행하게 된다. 이는 아주 좋은 현상이다. 스트레스와 부담감을 어느 정도 내려 놓을 수 있음은 물론이고, 운동 프로그램이 일상의 활력을 채워주기 때문이다. 이 프로그램은 매일 반복되는 루틴으로 자리 잡았으며, 운동의 효과는 여러분이 몸소 느끼고 있을 것이다.

체력이 계속해서 올라가고 할 수 있는 동작이 많아지다 보면 새로 얻은 그 능력을 사용해보고픈 마음이 들 수도 있다. 운동 반복 횟수를 초급 수준에서 중급으로, 혹은 중급에서 고급으로 올리거나 근력 운동 도구를 더 무거운 것으로 바꾸고 싶다는 생각이 들지 모른다. 하지만 아무리 그러고 싶어도 조금만 참아 보자. 레벨을 올리지 않더라도 운동 강도는 얼마든지 올릴 수 있다. 모든 것은 여러분이 하기에 달려 있다.

딱 1분만 더

눈썰미가 좋은 사람은 동작 사이사이에 실시하는 유산소 시간이 2분에서 3분으로 늘었다는 사실을 눈치챘을 것이다. 이제 1분 정도는 거뜬히 더 감당할 수 있다. 이 시기에 체중 감량을 목표로 진행하는 사람들은 1~2kg 정도가 빠졌을 것이다. 몸의 기능이 전반적으로 향상되었으므로 폐활량 또한 1주차에 비해 좋아졌으리라 확신한다. 운동을 하는 동안 몸이 사용할 수 있는 산소의 최대량을 의미하는 최대 산소 섭취량, 즉 VO$_2$ Max 또한 첫 주에 비해서 틀림없이 커졌을 것이다. 무엇보다도 몸의 회복 속도가 빨라진다. 심박수가 오르더라도 안정을 빠르게 되찾아 운동을 재개할 수 있는 상태로 돌아오기 때문에 유산소 시간을 3분으로 늘려도 거뜬히 할 수 있다. 프로그램을 시작한 지 3주차, 이 단계에 들어서면 운동 후에 우리 몸에 쌓이는 젖산과 기타 다양한 독성 물질에 대응할 능력을 키운 상태다. 이 독성 물질들을 원활히 배출하면 지연성 근육통도 덜 생긴다. 이제는 우리 몸이 만든 튼튼한 안전지대에서 마음껏 운동할 수 있게 된 셈이다.

부족한 부분을 채우자

영화 촬영을 앞두고 배우들을 훈련시키는 경우, 4주차에 가까워 오면 나는 이미 그 사람의 운동 능력을 상당 부분 파악해둔 상태가 된다. 강점과 약점, 그리고 추가로 집중과 격려를 쏟아야 할 부분이 있는지 평가를 마쳤을 것이다. 여러분도 이와 비슷한 개인 평가를 시도할 수 있다. 예를 들어, '나는 어떤 동작을 잘하는가? 그리고 어떤 동작이 제일 어려운가?'라고 스스로에게 질문해보자. 단, 대답은 솔직해야 한다. 강점과 약점을 종이에 적어도 좋다. 가장 좋아하는 동작을 두세 개 골라 적은 다음, 가장 하기 싫은 동작도 똑같이 두세 개 골라서 적는 것이다. 이 프로그램의 막바지에 다다를 즈음이면 4주차에 적어 둔 리스트를 보면서 그동안 얼마나 많은 발전이 있었는지 되돌아볼 수 있다. 그때가 되어도 지금의 약점이 그대로 남아 있을까? 아니면 약점이 사라졌으니, 이번에는 새로운 근육군이나 다른 동작에 주의를 기울여야 할까?

약점을 보완하면 체력을 보강하는 데 큰 도움이 된다. 금요일 전신 운동에 하체 동작이 빠지지 않는 이유도 대부분 하체 운동을 가장 어려워하기 때문이다. 이로써 운동을 하는 동안 어느 부분을 더 발전시켜야 할지 거듭 생각해볼 수 있을 것이다.

지난 3주 동안은 같은 구성의 동적 스트레칭과 코어 운동 프로그램을 반복했다. 하지만 이번 주에는 새로운 동작들을 시도해볼 예정이다.

4주차 준비물

탄력밴드
바벨
벤치
보수
스텝박스
덤벨
(케틀벨이나 메디신볼도 좋다)

하체 운동

10~15 회 / 20~30 초
15~20 회 / 30~40 초
20~25 회 / 40~50 초

동작 1: 보수를 사용한 고블렛 스쿼트

덤벨, 케틀벨, 또는 메디신볼을 잡는다. 중심을 잡기 어렵도록 보수의 편평한 부분을
위로 둔 채 그 위에 올라선다. 양발을 어깨 너비로 벌리고, 발가락은 살짝 바깥쪽으로
둔다. 무릎이 90도가 될 때까지 몸을 낮추고, 그대로 4초간 멈춘다. 발뒤꿈치로 바닥을
밀어내듯이 몸을 일으켜 시작 자세로 돌아온다.

우리 몸은 이전보다 효율적으로 기능하고
좀 더 많은 일을 감당할 수 있게 되었다.
그러니 이제는 조금 더 강하게
스스로를 밀어붙여야 할 때다.

동작 2: 탄력밴드 2개를 사용한 스텝과 사이드 점프

첫 번째 밴드는 무릎 위에, 두 번째는 발목 바로 위에 착용한다. 양발을 어깨 너비로 벌리고
무릎을 살짝 굽힌다. 양손은 가슴 앞에 하나로 모아 깍지를 끼고, 시선은 정면을 향한다.
몸을 가볍게 낮춘 스쿼트 자세를 유지하며 왼쪽 오른쪽으로 번갈아 움직이는 사이드
스텝을 시작한다. 반복 횟수는 각자의 운동 레벨에 알맞게 조정한다. 그다음은 밴드의 탄력
저항을 유지한 채로 왼발을 앞으로 25cm 내딛는다. 이후 오른발을 똑같이 25cm 앞으로
옮긴다. 왼발과 오른발을 순서대로 뒷걸음질 쳐서 제자리로 돌아온다.

사이드 점프를 할 때는 탄력밴드를 하나만 사용하여 무릎 아래에 착용한다. 무릎을 완전히
펴고 허리를 중립으로 유지한다. 밴드의 탄력 저항을 유지하면서 각자에 맞는 반복
횟수만큼 옆으로 점프한다. 반대쪽도 동일한 횟수만큼 점프하여 제자리로 돌아와 시작
자세를 취한다.

동작 3: 덤벨을 사용한 보수 스프린터 런지

보수의 단단한 부분을 위로 두고 시작한다.
양손에 덤벨을 잡고 한쪽 발은 보수
한가운데에, 반대쪽 발은 뒤쪽에서 런지
자세를 취한다. 뒤에 있는 다리를 앞으로
가져와 보수 위에 선다. 바로 이어서
무릎을 90도 각도로 들어 올려 한발로
선다. 시작 자세로 돌아온다. 발을 바꿔서
반대쪽도 동일하게 반복한다.

동작 4: 덤벨을 사용한 스텝박스 점프

양손에 덤벨을 하나씩 들고, 스텝박스를
앞에 둔 채 25cm 떨어진 곳에 선다. 양팔을
어깨 너비로 벌리고 팔은 몸 옆에 나란히
둔다. 스쿼트 자세를 취한다. 폴짝 점프하여
스쿼트 자세를 유지한 채 스텝박스 위에
두 발로 올라선다. 다리를 펴서 자리에
선다. 한 발짝씩 스텝박스에서 내려와 시작
자세로 돌아온다.

"내게 있어 사이먼과 함께하는 훈련은
액션 연기를 준비하는 데 빼놓을 수 없는 중요한 과정입니다."

톰 히들스턴

동작 5: 덤벨을 사용한 원 레그 힙 쓰러스트

양손에 덤벨을 하나씩 들고, 어깨뼈를 벤치 위에 올린 채 한쪽 다리를 천장 쪽으로 쭉 뻗는다. 골반뼈 위에 덤벨을 올려 놓고, 엉덩이를 아래로 내려 바닥 위 2.5cm 높이에 둔다. 둔근(볼기근)을 수축하여 시작 자세로 돌아온다.

'인텔리전트 피트니스 프로그램'의 리듬에 익숙해지면서 이제 운동과 회복, 영양의 3박자가 조화를 이루는 느낌을 받기 시작할 것이다.

상체 운동

10~15 회 / 20~30 초	
15~20 회 / 30~40 초	
20~25 회 / 40~50 초	

동작 1: 푸시업과 니 드라이브

양손을 어깨 너비로 벌려 바닥을 짚는다. 팔꿈치가 90도 각도가 될 때까지 몸을 낮춘다. 바닥을 밀어내듯 몸을 일으켜 시작 자세로 돌아온다. 호흡은 힘을 주는 순간에 내쉰다. 한쪽 무릎을 들어 팔꿈치 쪽으로 가져온 다음 반대쪽도 반복한다. 양다리를 번갈아가며 같은 동작을 실시한다.

동작 2: 하프 레이즈를 포함한 벤치에 앉아서 하는 어깨 연속 동작

벤치에 앉아 있으면 하체를 사용할 수 없으므로 상체 근육을 고립시킬 수 있다. 또한
래터럴 레이즈를 할 때 덤벨을 절반만 들어 올리면 근육이 긴장을 한시도 늦출 수 없게
된다. 팔꿈치를 구부리고 덤벨을 양옆으로 들어 올린다. 덤벨은 어깨 높이의 절반까지만
올린다. 시작 자세로 돌아온다.

자세를 바꿔 숄더 프레스를 준비한다. 양손에 덤벨을 잡고 팔을 90도 각도로 굽힌다.
덤벨이 귀 옆으로 15cm 정도 떨어진 위치에 오게 한다. 천장을 향해 덤벨을 들어 올려서 두
덤벨의 모서리가 살포시 맞닿게 한다. 덤벨을 내려 어깨와 팔이 다시 한번 직각을 이루도록
한다.

자세를 바꿔 프론트 레이즈를 준비한다. 덤벨이 허벅지에 닿도록 잡고, 팔꿈치를 살짝
구부린 채 양팔의 덤벨을 한꺼번에 어깨 높이까지 들어 올린다. 그다음 제자리로 돌아온다.

자세를 바꾸어 이번에는 벤트 오버 래터럴 레이즈를 준비한다. 척주, 허리, 목의 중립을
유지해야 한다. 양팔을 늘어뜨려 덤벨을 가슴 아래 정강이 가까이에 매달아 놓듯이 잡는다.
팔꿈치를 살짝 구부린 채 덤벨이 양어깨와 수평을 이룰 때까지 위로 끌어당긴다. 그리고
제자리로 돌아온다.

동작 3: 벤치를 사용한 팔 연속 동작(86페이지 참조)

동작 4: 인클라인 원 암 덤벨 로우

벤치의 경사를 45도로 조절한 뒤 벤치에 엎드린다. 적당한 무게의 덤벨을 양손에 들고 몸 앞쪽으로 늘어뜨린다. 한쪽 팔을 뒤로 끌어당겨 덤벨이 가슴 높이에 오게 한다. 그동안 다른 한쪽 팔은 늘어뜨린 채로 둔다. 시작 자세로 돌아와서 반대쪽 팔도 반복한다.

동작 5: 클린 앤 프레스(45페이지 참조)

동적 스트레칭

10~15 회 / 20~30 초	
15~20 회 / 30~40 초	
20~25 회 / 40~50 초	

동작 1: 요추 하부 스트레칭

다리를 쭉 뻗고 천장을 바라본 채로 눕는다. 오른쪽 다리를 왼쪽으로 최대한 멀리 보낸다. 오른팔을 옆으로 쭉 뻗어 바닥 위에 놓는다. 왼손은 오른쪽 다리 위에 올려 무릎을 누르며 바닥쪽으로 끌어내린다. 고개를 반대 방향으로 돌려서 손가락에 시선을 집중한다. 시작 자세로 돌아와서 반대쪽도 동일하게 반복한다.

동작 2: 둔근과 이상근 스트레칭

둔근(볼기근)과 이상근(궁둥구멍근)의 스트레칭이다. 앞에서 한 '동작 1'과 마찬가지로 천장을 바라보고 누워서 왼쪽 발목을 오른쪽 무릎 위에 살포시 올린다. 오른쪽 허벅지 뒤쪽에서 양손을 깍지를 끼워 잡은 다음, 다리를 살짝 들어 근육이 늘어나는 느낌이 들 때까지 몸쪽으로 끌어당긴다. 왼쪽 다리를 내려놓고 반대쪽도 동일하게 반복한다.

동작 3: 등 구르기

천장을 바라보고 누워서 양 무릎을 가슴 가까이로 끌어안는다. 등을 앞뒤로 구른다. 처음에는 작게 움직이다가 가동 범위를 서서히 늘려간다. 척추 사이사이의 유연성을 높이는 동작이다.

동작 4: 요추 하부 비틀기

마찬가지로 천장을 바라보고 누워서 시작한다. 무릎을 굽혀 발뒤꿈치를 엉덩이 가까이에 붙인다. 양팔을 위로 쭉 뻗어 손바닥을 하나로 모은다. 양 무릎을 한쪽 방향으로 넘기는 동시에 손은 반대 방향으로 뻗는다. 몸을 빨래 짜듯이 비틀어 움직인다. 메트로놈이 움직이듯 양 방향으로 번갈아 비튼다.

동작 5: 상체 연속 스트레칭

무릎을 바닥에 대고 발뒤꿈치에 엉덩이를 올려 앉는다. 한쪽 팔을 반대쪽 가슴을 향해 가로질러 뻗은 뒤, 반대 팔로 고정한다. 어깨 근육이 편안하게 늘어나는 느낌이 들 때까지 팔을 가슴으로 끌어당긴다.

양팔을 등 뒤에서 마주 잡아서 깍지를 낀다. 손을 살짝 들어 올려 위로, 그리고 몸에서 먼 쪽으로 보낸다. 가슴은 가볍게 앞으로 밀어낸다.

그다음은, 한쪽 팔을 머리 위로 들고 팔꿈치를 구부려 손이 등 중앙에 닿게 한다. 이때 손가락은 척주 아래쪽을 가리키도록 뻗는다. 반대쪽 손을 이용하여 팔꿈치를 가볍게 눌러 상완삼두근(위팔세갈래근)을 늘인다. 이제 반대쪽도 동일하게 반복한다.

이제는 운동이 정말 재미있지 않은가?
운동의 매력에 푹 빠져 보자!

마찬가지로 무릎을 바닥에 댄 채로
시작한다. 손가락이 뒤쪽에 있는 몸을
향하도록 뒤집어 양손바닥을 바닥에 둔다.
아래팔을 스트레칭 하면서 몸을 가볍게
뒤로 기울인다.

그다음은 몸을 일으켜서, 이번엔 손바닥이
몸 앞쪽을 향하도록 손을 반대로 뒤집는다.
그리고 손목을 시계 방향으로 돌렸다가
다시 반시계 방향으로 돌린다.

양손을 몸 앞쪽에 하나로 모아서 깍지를
끼고, 양 어깨뼈를 벌리면서 손을 멀찍이
밀어낸다. 그대로 잠시 멈췄다가 시작
자세로 돌아온다.

한쪽 손을 머리 위에 올린다. 손가락으로
반대쪽 옆머리를 가볍게 감싸야 한다.
머리를 가볍게 눌러서 한쪽 방향으로
고개를 기울여 목 근육을 시원하게 늘인다.
반대쪽도 동일하게 반복한다.

코어 운동

동작 1: 덤벨을 사용한 크런치

바닥에 등을 대고 누워서 시작한다. 발바닥을 바닥에 바짝 붙이고 적당한 무게의 덤벨을 잡아 가슴 근처에 둔다. 척주 중립을 유지하면서 몸을 일으켜 복부를 수축시킨다. 시작 자세로 돌아온다.

좀 더 고급 레벨의 동작을 원한다면, 크런치의 몸을 일으키는 움직임에 덤벨을 머리 위로 들어 올리는 동작을 추가해도 좋다.

**예전의 어색함은 모두 사라지고,
이제는 동작 하나하나가 자연스럽게 느껴진다.**

동작 2: 양다리를 올린 채 하는 덤벨 크런치

이번에도 바닥에 등을 대고 누워 가슴 근처에 덤벨을 잡은 상태로 시작한다. 양다리를 공중에 띄우고 무릎은 90도 정도 구부린다. 어깨를 바닥 위로 들어 올려 양손으로 덤벨을 천장을 향해서 멀리 보낸다. 시작 자세로 돌아온다.

동작 3: 브이 싯업

바닥에 등을 대고 누운 채 다리를 쭉 뻗어 수직으로 들어 올린다. 손은 종아리 뒤에 둔다. 몸을 일으켜 다리 뒤쪽에 있는 손을 발 쪽으로 미끄러뜨리듯 최대한 올린다. 시작 자세로 돌아온다.

동작 4: 크로스 크런치

오른쪽 발목을 왼쪽 무릎 위에 올려서 양다리를 교차시킨다. 손은 관자놀이 부근에 둔다. 왼쪽 팔꿈치가 오른쪽 무릎에 닿도록 몸을 위로 일으킨다. 이때 오른쪽 팔은 바닥에 둔다. 자세를 바꿔 반대쪽도 반복한다.

동작 5: 크런치 홀드

무릎을 세운 채 바닥에 등을 대고 눕는다. 가슴 앞에 아래팔을 교차하여 팔짱낀다. 양팔이 무릎에 닿을 정도로 몸을 완전히 일으킨다. 그리고 절반만 뒤로 눕는다. 일어난 것도 아니고 누운 것도 아닌, 딱 그 중간 자세를 취하고 그대로 5초 멈춘다. 팔짱 낀 상태를 계속 유지한다. 시작 자세로 돌아온다.

전신 운동

	10~15 회 / 20~30 초
	15~20 회 / 30~40 초
	20~25 회 / 40~50 초

동작 1: 가장 어려웠던 하체 동작

동작 2: 푸시업과 니 드라이브(101페이지 참조)

동작 3: 탄력밴드 2개를 사용한 스텝과

사이드 점프(97페이지 참조)

동작 4: 인클라인 원 암 덤벨 로우(104페이지 참조)

동작 5: 클린 앤 프레스(45페이지 참조)

4주차 건강 습관

영양

- 우리 몸에서 물이 하는 일이 수분 보충 외에는 없다고 생각하는 사람이 많다. 하지만 사실 물에는 운동 시작 전 에너지를 보충하고 머리를 맑게 만들어주는 효과가 있다. 운동 전 에너지를 끌어올리기 위해 먹을 수 있는 것이 커피나 간식만 있는 것은 아니라는 사실을 기억하자.
- 덥고 습한 장소에서 땀을 많이 흘리며 운동을 해야 한다면 물에 미네랄과 전해질이 들어 있는 수분 보충용 전해질 캡슐을 첨가하는 것도 좋은 방법이다.
- 운동을 하기 전 식사를 해야 하는 경우라면, 운동 시간 30분 전에 마치는 편이 좋다. 그래야 몸이 할 일을 앞두고 미리 준비할 시간을 확보할 수 있다. 너무 과하게 먹지는 말아야 한다. 에너지 보충을 위한 가벼운 식사면 충분하다.

웰빙

- 개인적인 공간이나 집에서 운동을 하는 경우, 벽에 운동 자극 사진이나 긍정적인 명언, 다짐 등 동기부여가 될 만한 무언가를 붙이면 어떨까?
- 건강에는 지름길이 존재하지 않는다. 그리고 나 스스로 설정한 목표를 달성하려면 이 도전을 해내야만 한다. 이러한 사실을 인지하고 있으면 마음을 다잡는 데 도움이 된다.
- 운동센터에 갈 때 대중교통이나 자가용 대신, 도보로 걸어서, 달려서, 혹은 자전거를 타고 가보면 어떨까? 피트니스 프로그램의 운동 효과를 더할 수 있다.
- 스스로를 지나치게 한계로 몰아가거나 가혹하게 굴지 말자. 우리 몸에는 물론 뇌에도 해롭다.

적립식 운동법 : 5-3

월요일 **하체 운동**	1. 보수를 사용한 고블렛 스쿼트 2. 탄력밴드 2개를 사용한 스텝과 사이드 점프 3. 덤벨을 사용한 보수 스프린터 런지 4. 덤벨을 사용한 스텝박스 점프 5. 덤벨을 사용한 원 레그 힙 쓰러스트
화요일 **상체 운동**	1. 푸시업과 니 드라이브 2. 하프 레이즈를 포함한 벤치에 앉아서 하는 어깨 연속 동작 3. 벤치를 사용한 팔 연속 동작 4. 인클라인 원 암 덤벨 로우 5. 클린 앤 프레스
수요일 **동적 스트레칭**	1. 요추 하부 스트레칭 2. 둔근과 이상근 스트레칭 3. 등 구르기 4. 요추 하부 비틀기 5. 상체 연속 스트레칭
목요일 **코어 운동**	1. 덤벨을 사용한 크런치 2. 양다리를 올린 채 하는 덤벨 크런치 3. 브이 싯업 4. 크로스 크런치 5. 크런치 홀드
금요일 **전신 운동**	1. 가장 어려웠던 하체 동작 2. 푸시업과 니 드라이브 3. 탄력밴드 2개를 사용한 스텝과 사이드 점프 4. 인클라인 원 암 덤벨 로우 5. 클린 앤 프레스
토요일 **스포츠와 레저**	새롭고 낯선 운동으로 우리 몸을 깜짝 놀라게 해보자. 언젠가 한 번은 시도해보고 싶었지만 시간이 없어 미루어 두었던 스포츠가 있다면, 지금이 바로 그 운동에 도전할 때다.

5주차

"사이먼은 진짜 대단한
친구예요. 이 책에는
수많은 사람들을 영화
속 히어로로 변신시켰던
그만의 비법이 전부 담겨
있어요. 이 책이 여러분의
인생을 바꿀 겁니다."

크리스 프랫

영화 <가디언즈 오브 갤럭시 1~3>의 주인공 스타로드 역

확신을 가지고 나아가자

운동 강도를 올리기 시작하면 조금이지만 부상 위험도 커진다. 바로 이때가 우리 몸에 더 주의 깊게 관심을 기울여야 할 시기다. 잠재적인 부상의 가능성을 나타내는 통증과 운동으로 인해 생긴 근육통의 차이를 구분할 수 있어야 한다.

적립식 운동법 : 5-3

운동을 하면서 가장 피하고 싶은 상황, 그것은 바로 부상이다. 그렇기에 부상을 예방하기 위해서 가능한 모든 조치를 취해야 한다. 하지만 안타깝게도, 부상은 예고 없이 찾아오기에 미처 피할 수 없는 경우도 있다. 부상을 입는다면 이제 막 탄력이 붙은 진행 속도에 큰 차질이 생기는 것은 물론이고 프로그램을 아예 중지해야 할 위험성도 커진다. 고통을 무시하고 패기만 하게 운동을 강행했다가는 상황을 악화할 수 있으므로 참는 것은 추천하지 않는다. 10주 동안의 프로그램을 무탈하게 완수하고 최상의 결과를 이끌어내기 위해 우리에게 필요한 가장 중요한 열쇠는 다름 아닌 건강과 지속성이다.

이제는 1주차와 비교하면 운동 후에 몸이 회복하는 속도가 아주 빨라졌을 것이다. 그렇다 하더라도 운동 강도가 지나치게 높아지면 금세 몸이 반응을 보인다. 매주마다 운동 강도를 높이는 중이라면, 새로운 한 주가 시작할 때 나오는 동작들을 하루에서 이틀 정도 시도해본 뒤 몸 상태를 살펴보도록 하자. 만일 예상보다 근육통이 심하게 오거나 컨디션이 좋지 않다면 원래 하던 강도로 돌아가는 편을 고려해봐야 한다. "고통 없이는 열매도 없다"는 말을 나는 절대로 하지 않는다. 고통은 결코 목적을 위한 수단으로 사용할 수 없다. 하지만 통증이 유용하게 쓰이는 경우는 있다. 몸의 어떤 부위가 지나치게 무리하고 있을 때 '통증'이라는 경보를 울리기 때문이다. 그 덕분에 부상을 감지할 기회가 생긴다. 그러므로 우리 몸이 보내는 신호에 항상 귀를 기울이고 즉각 알맞은 대처를 해야 한다. 몸 어딘가에서 근육이 뭉친 느낌이 들거나 불편한 느낌이 있을 때 그 신호를 무시하고 운동을 지속하는 일이 없기를 바란다. 해당 부위의 팔다리나 근육이 그 신호를 통해 어떤 메시지를 보내고 있는 것인지 잘 살펴봐야 한다.

유연함이 지속성을 높인다

각 근육군의 운동 스케줄을 유연하게 조정할 수 있다면 부상을 예방하는 데 도움이 된다. 예를 들어 며칠 전에 했던 운동의 여파로 인해 다리에 근육통이라는 경보가 아직까지도 울리고 있는데, 벌써 하체 운동을 하는 날이 다가왔다고 생각해보자. 이 경우에는 하체 운동을 잠시 뒤로 미루고 상체 운동을 해도 좋다. 이러한 유연함이 우리 몸의 발전 속도가 늦춰지지 않도록 도와줄 것이다. 운동을 재개할 정도로 근육이 충분히 회복했는지 잘 알 수 없을 때는 근육을 수축시켜서 테스트를 해 보자. 근육이 제대로 수축하지 못하고 좀처럼 힘이 들어가지 않는다면 (다시 말해 근육이 정신을 차리고 움직이지 않는 상황이라면), 회복이 아직 진행 중이며 근육이 지쳐 있다는 뜻이다. 이 경우 선택지는 얼마든지 있다. 근육통이 영 가시지 않고 삭신이 쑤실 때는 며칠 정도 쉬어 가는 것도 좋은 방법이다. 쉼에 있어 죄책감을 느낄 필요는 전혀 없다. 멀리 보면 이 잠깐의 휴식 덕분에 건강에 이상이 생기는 것을 피하고 10주 프로그램 전체를 성공적으로 마칠 수 있다. 단, 다시 시작할 때는 그 주의 첫 번째 동작으로 돌아가서 처음부터 다시 시작하기 바란다. 그래야 이 프로그램의 큰 흐름을 놓치지 않을 수 있다.

5주차 준비물

탄력밴드
바벨과 원판
벤치
보수
스텝박스
덤벨
짐볼

수면을 체크하라

나와 운동하는 배우들에게 빼놓지 않고 하는 질문이 있다. "잠은 잘 잤나요?" 잠은 운동과 식사가 적정 수준으로 지켜지고 있는지, 운동 강도가 너무 높거나 영양 상태가 불량해지는 않은지 등을 확인하는 지표이기도 하다. 잠을 잘 잔다면 이는 우리 몸이 프로그램을 잘 따라오고 있다는 뜻이다. 하지만 숙면을 취하는 데 문제가 있다면 무리한 운동이나 지나친 식단 제한, 혹은 둘 다가 그 원인일 수 있다. 수면 사이클이 깨지면 활력이 떨어지고 정신이 산만해진다. 그리고 그 때문에 집중력을 잃고 자세가 흐트러지거나 부상을 입을 위험이 커질 수 있다. 스트레칭이 부상의 위험을 낮춰 주므로, 이럴 때일수록 스트레칭을 반드시 해야 한다.

몸이 보내는 신호에
귀 기울이고, 느끼고, 이해하고, 반응하라.
몸이 무엇을 경고하려 하는지
주의 깊게 살피고 대처해야 한다.

하체 운동

	10~15 회 / 20~30 초
	15~20 회 / 30~40 초
	20~25 회 / 40~50 초

동작 1: 점프 스쿼트

양발을 어깨 너비로 벌리고 발가락은 살짝 바깥쪽으로 둔 채 선다. 무릎이 90도가 될 때까지 몸을 낮추고 그대로 4초 동안 멈춘다. 발뒤꿈치로 바닥을 밀어내듯이 힘차게 일어난다. 높이 뛰어올랐다가 시작 자세로 돌아온다.

동작 2: 탄력밴드 2개를 사용한 스텝과 사이드 점프(97페이지 참조)

동작 3: 점프 런지

양발을 어깨 너비로 벌리고 선다. 한쪽 다리를 앞으로 뻗어 런지 자세를 취한 뒤, 뒤쪽
무릎이 바닥에 살포시 닿을 때까지 다리를 낮춘다. 발로 바닥을 밀어내듯 몸을 일으켜 시작
자세로 돌아온다. 폴짝 뛰어 다리를 반대로 바꾼 다음 동일하게 반복한다.

스트레칭을 잊지 말자!
운동 전후에 실시하는
추가 스트레칭 루틴은 하면 할수록 좋다.

동작 4: 스텝박스 점프 스쿼트

스텝박스를 앞에 두고 25cm 가량 떨어진 곳에 선다. 양발을 어깨 너비로 벌리고 팔은
몸 옆에 나란히 둔다. 스쿼트 자세로 몸을 낮췄다가 폴짝 뛰어 양발로 스텝박스 위에
올라선다. 스텝박스 위에서 스쿼트를 1번 한다. 스텝박스에서 내려와 시작 자세로
돌아온다.

동작 5: 탄력밴드를 사용한 힙 쓰러스트

무릎 가까이에 탄력밴드를 착용하고, 양 어깨뼈를 벤치 위에 올린 채 천장을 보고 눕는다.
양발은 어깨 너비, 무릎은 90도 각도로 유지한다. 엉덩이를 아래로 내려 바닥 위 2.5cm
높이에 둔다. 둔근(볼기근)을 수축하여 속도를 조절하면서 시작 자세로 돌아온다.

하체 운동을 싫어하는 사람들이 많다는 걸 알고 있다.
그래서 월요일이 하체 운동을 하기에 제격이다.
매도 먼저 맞는 편이 낫다고 하지 않던가!

상체 운동

동작 1: 클랩 푸시업

양손을 어깨 너비로 벌려 바닥을 짚는다. 팔꿈치가 90도 각도가 될 때까지 몸을 낮춘다. 힘을 주는 순간에 호흡을 내쉬면서 손바닥으로 바닥을 밀어내듯 몸을 올린다. 이때 힘을 충분히 주고 양손이 바닥에서 떨어질 정도로 밀어내야 한다. 공중에서 손바닥을 마주쳐 박수(클랩)를 친다. 시작 자세로 돌아온다.

동작 2: 짐볼을 사용한 어깨 연속 동작

짐볼 위에 앉아서 시작한다. 짐볼에 앉아 있으면 하체를 움직일 수 없으므로 상체 근육을 고립시킬 수 있다. 래터럴 레이즈를 시작한다. 팔꿈치를 살짝 구부리고 덤벨을 양옆으로 들어 올려 양팔과 어깨가 수평을 이루게 한다. 시작 자세로 돌아온다.

자세를 바꾸어 숄더 프레스를 준비한다. 양손에 덤벨을 잡고 팔을 90도 각도로 굽힌다. 덤벨이 귀 옆으로 15cm 정도 떨어진 위치에 오게 한다. 천장을 향해 덤벨을 들어 올려서 두 덤벨의 모서리가 살포시 맞닿게 한다. 덤벨을 내려 어깨와 팔이 다시 한번 직각을 이루게 한다.

자세를 바꾸어 프론트 레이즈를 준비한다. 덤벨이 허벅지에 살짝 닿도록 잡은 뒤, 팔꿈치를
살짝 구부리고 한쪽 덤벨을 어깨 높이까지 들어 올렸다가 시작 자세로 돌아온다. 반대쪽도
동일하게 반복한다.

자세를 바꾸어 벤트 오버 래터럴 레이즈를 준비한다. 척주, 허리, 목의 중립을 유지한다.
양팔을 늘어뜨려 덤벨을 가슴 아래 정강이 가까이에 매달아 놓듯이 둔다. 팔꿈치를 살짝
구부린 채 덤벨이 양어깨와 수평을 이룰 때까지 위로 끌어올린다. 그리고 제자리로
돌아온다.

동작 3: 짐볼을 사용한 팔 연속 동작

짐볼에 앉아 상체 근육을 고립시킨 채 시작한다. 양손에 덤벨을 하나씩 들고, 다리에서 15cm 정도 떨어진 위치에 둔다. 손바닥은 몸의 앞쪽을 향하게 한다. 덤벨이 어깨 높이까지 오도록 천천히 들어 올린다. 마지막에 팔꿈치를 5cm만 위로 올려 근육에 자극을 더한 다음 제자리로 돌아온다.

손의 방향을 바꾸어 손바닥이 몸을 마주 보고 덤벨이 다리 가까이에 오도록 한다. 양쪽 덤벨이 어깨 높이까지 오도록 팔꿈치를 구부려 덤벨 컬을 실시한다. 팔꿈치를 살짝 기울이듯 올려서 상완이두근(위팔두갈래근)에 자극을 더한 다음 제자리로 돌아온다.

트라이셉스 딥 동작을 할 때는 벤치가 필요하다(43페이지와 70페이지의 사진 참조). 난이도를 높이고 싶을 때는 벤치를 하나 더 사용하여 다리를 올린다. 손가락이 벤치 끝자락 바깥으로 나오게 둔 채, 엉덩이가 아닌 손바닥 위에 앉아있는 듯한 느낌으로 자세를 잡는다. 팔꿈치가 90도가 될 때까지 몸을 낮춘다. 그리고 시작 자세로 돌아온다.

동작 4: 보수를 사용한 덤벨 벤트 오버 로우

보수의 단단한 부분이 위를 향하도록 두고 그 위에 올라선다. 양손에 적당한 무게의 덤벨을 하나씩 들고 허리의 중립을 유지하며 몸을 가볍게 숙인다. 덤벨을 동시에 가슴 쪽으로 끌어당겼다가 다시 내려 시작 자세로 돌아온다.

동작 5: 클린 앤 프레스(45페이지 참조)

낯선 도구에 두려움이나 민망함을 느낄 필요가 전혀 없다. 도구를 활용한 응용 동작을 시도하는 것이 훨씬 중요하다.

동적 스트레칭

	10~15 회 / 20~30 초
	15~20 회 / 30~40 초
	20~25 회 / 40~50 초

동작 1: 요추 하부 스트레칭(105페이지 참조)

동작 2: 둔근과 이상근 스트레칭(105페이지 참조)

동작 3: 등 구르기(106페이지 참조)

동작 4: 요추 하부 비틀기(106페이지 참조)

동작 5: 상체 연속 스트레칭(108페이지 참조)

코어 운동

	10~15 회 / 20~30 초
	15~20 회 / 30~40 초
	20~25 회 / 40~50 초

동작 1: 덤벨을 사용한 크런치(110페이지 참조)

동작 2: 양다리를 올린 채 하는 덤벨 크런치(111페이지 참조)

동작 3: 브이 싯업(111페이지 참조)

동작 4: 크로스 크런치(112페이지 참조)

동작 5: 크런치 홀드(112페이지 참조)

전신 운동

10~15 회 / 20~30 초	
15~20 회 / 30~40 초	
20~25 회 / 40~50 초	

동작 1: 가장 어려웠던 하체 동작

동작 2: 클랩 푸시업(125페이지 참조)

동작 3: 탄력밴드 2개를 사용한 스텝과 사이드 점프(97페이지 참조)

동작 4: 보수를 사용한 덤벨 벤트 오버 로우(129페이지 참조)

동작 5: 클린 앤 프레스(45페이지 참조)

5주차 건강 습관

영양

- 운동 중간에 물 한 모금을 마시는 정도는 얼마든지 좋다. 하지만 물을 마시는 데 시간을 너무 많이 빼앗겨서는 안 된다. 쉬는 시간이 길어질수록 운동 강도가 낮아지고 심박수가 떨어지기 시작할 것이다.
- 낮 동안의 소변 색깔을 보면 수분 섭취를 충분히 하고 있는지 파악할 수 있다. 거의 투명에 가까운 색깔을 띠어야 한다.
- 주로 밤에 물을 마시는 사람들이 종종 있다. 저녁마다 같은 시간에 물을 마시는 습관이 몸에 배인 것이다. 수분 섭취 측면에서는 도움이 될지 모르나 숙면을 방해한다는 단점이 있으므로 주의해야 한다.
- 뭔가를 입에 집어넣기 전에 생각해보자. '이 음식이 내 몸에 들어가면 어디에 쓰이게 될까? 내가 지금 이 음식을 먹는 이유는 무엇일까?' 항상 영양분이 풍부하고 에너지를 보충해주는 건강식을 찾아 먹어야 한다.

웰빙

- 물에 들어갈 기회가 생기면 망설이지 말자. 수영장이든 바다든 상관없다. 수영은 몸의 스트레스를 덜어주고 건강에도 아주 좋다.
- 체중계에 올라서기 전에 잘 생각해봐야 한다. 체중계 숫자가 만족스럽지 않더라도 하루 종일 시무룩해하지 않을 자신이 있는가? 열심히 노력한 만큼 몸도 변하고 있지만, 그 변화가 꼭 체중계 눈금에 나타난다는 보장은 없다.
- 체중보다는 체성분을 살펴보자. 근육이 지방보다 무겁다는 사실을 기억하자.
- 긍정적으로 생각하자. 운동을 시작하기 전에 '난 할 수 있어'라고 스스로를 다독여 보자. 그리고 끝난 뒤에는 '내가 해냈다!'라고 외쳐보자. 뿌듯함을 더해 줄 것이다.

적립식 운동법 : 5-3

월요일 **하체 운동**	1. 점프 스쿼트 2. 탄력밴드 2개를 사용한 스텝과 사이드 점프 3. 점프 런지 4. 스텝박스 점프 스쿼트 5. 탄력밴드를 사용한 힙 쓰러스트
화요일 **상체 운동**	1. 클랩 푸시업 2. 짐볼을 사용한 어깨 연속 동작 3. 짐볼을 사용한 팔 연속 동작 4. 보수를 사용한 덤벨 벤트 오버 로우 5. 클린 앤 프레스
수요일 **동적 스트레칭**	1. 요추 하부 스트레칭 2. 둔근과 이상근 스트레칭 3. 등 구르기 4. 요추 하부 비틀기 5. 상체 연속 스트레칭
목요일 **코어 운동**	1. 덤벨을 사용한 크런치 2. 양다리를 올린 채 하는 덤벨 크런치 3. 브이 싯업 4. 크로스 크런치 5. 크런치 홀드
금요일 **전신 운동**	1. 가장 어려웠던 하체 동작 2. 클랩 푸시업 3. 탄력밴드 2개를 사용한 스텝과 사이드 점프 4. 보수를 사용한 덤벨 벤트 오버 로우 5. 클린 앤 프레스
토요일 **스포츠와 레저**	즐겨 보는 스포츠 경기가 있는가? 그렇다면 그 경기에서 활약하는 선수들을 본받아 보는 것은 어떨까? 예를 들어 테니스 경기장이나 농구 코트에서 직접 뛰어봐도 좋겠다.

6주차

"제게 사이먼은 정말
고마운 사람입니다.
그의 우정과 가르침이
아니었다면 그 많은
신체적 고비를 넘길 수
없었을 거예요."

다니엘 크레이그

영화 <007 노 타임 투 다이>, <007 스카이폴>의 주인공,
제6대 제임스 본드

고비의 순간을 무사히 넘기자

이쯤에서 이 프로그램을 포기하고 싶다는 생각이 든다고? 6주차에 들어서면 흔히 있는 일이다. 그만두는 사람이 속출하는 마의 시기다. 하지만 포기하기엔 아직 이르다!

적립식 운동법 : 5-3

새로운 피트니스를 시작한 사람들 중 무려 90% 정도가 6주차에 들어서는 시기에 운동을 포기해야겠다는 충동에 휩싸인다. 스스로에 대한 회의감이 몰려오는가? 좀처럼 의욕이 생기지 않아 괴로워하고 있는가? 그렇다면 이 말이 도움이 될지도 모른다. 지금 여러분이 느끼는 그 마음은 지극히 정상이다. 여러분 외에도 정말 많은 사람들이 6주차에 고비를 맞는다.

원하던 만큼의 성과를 내기도 전에 정체기에 빠지고 말았다는 생각이 밀려올지도 모른다. 하지만 원래 6주차는 이 프로그램에서 가장 힘든 시기다. 그러니 이런 감정이 찾아오는 경우를 미리 대비하고 스스로를 잘 달래야 한다. 여기까지 오기 위해서 얼마나 많은 노력을 들였는지 기억하자. 의지를 불태우며 야심차게 시작한 도전인데, 10주를 다 채우기도 전에 흐지부지 끝내는 것은 여러분답지 않다. 물론 이 시점에 프로그램을 포기하는 사람이 많다는 사실을 핑계 삼고 싶은 충동이 들 수도

있다. 6주차의 덫에 걸린 낙오자가 되지 않겠다는 의욕을 가지고 힘을 내보자.

조금만 더 앞으로

지금까지 여러분이 성공적으로 헤쳐 온 길을 되짚어 보자. 애써 먼 길을 와 놓고 지금까지 쌓아 온 모든 노력들을 내던지지 않기 바란다. 이제 할 만큼 했고 어느 정도 효과도 보았으니 여기서 멈춰도 되지 않을까 하는 생각이 들 수도 있다. 게다가 운동보다 중요한, 일상의 다른 일들이 눈에 들어오기 시작한다. 물론, 프로그램을 막 시작했던 때에 비한다면 몸매도 다듬어지고 컨디션도 훨씬 좋아졌을 터다. 하지만 이번 주를 무사히 넘기고 7주차, 그리고 그 이후까지도 운동을 이어 간다면 정말이지 엄청난 변화를 마주하게 될 것이다. 변화의 싹이 막 움트기 직전이다. 지금 물러선다면, 싹을 채 틔워 보지도 못한 채 여기

서 멈추게 된다. 누군가는 여기서 주저앉겠지만, 누군가는 이 순간에 스스로 의지를 단단히 다지고 앞으로 나아간다. 여러분은 둘 중 어느 쪽에 서고 싶은가?

긍정적인 마음 가지기

무사히 이번 주를 지나 보내기 위해서, 스스로에게 긍정적인 말과 용기를 북돋는 말들을 잔뜩 선물해주자. 나도 6주차를 맞이한 고객들을 대할 때는 아주 활기차고 의욕적인 언어를 주로 사용한다. 이를테면 이런 식이다. "운동을 한지 벌써 40일이나 되었군요. 정말 좋아요! 하루에 하나씩 차근차근 하면 돼요. 잘 하고 있어요." 그리고 이번 주를 정말 잘 보내고 있다고 항상 말해주곤 한다. 이처럼 여러분도 스스로에게 긍정적이고 건설적인 말을 외쳐보자. 또는 비슷한 상황에 처한 사람과 이야기를 나누거나 지금 느끼는 감정을 설명해보는 것도 도움이 될지 모른다. 그들의 응원 한마디가 여러분을 앞으로 나아가게 만드는 원동력이 될 것이다.

운동 강도를 10% 정도 낮추는 방법을 고려해봐도 좋다. 강도를 낮출 때는 반복 횟수를 1~2회 줄이거나 도구의 무게를 낮춘다. 혹은 2가지 방법 모두를 사용할 수도 있다. 운동 강도가 조금 쉬워지면 이 운동 프로그램이나 스스로에 대한 부정적인 감정이 조금은 누그러질 것이다. 올바른 길로 가고 있다는 사실을 인지하고 나면 그만두고 싶다는 마음도 자연스레 사라진다. 혹은 유산소 운동 종목을 바꾸어 약간의 변화를 꾀해도 좋다. 새로움은 언제나 도움이 되니까.

6주차 준비물

탄력밴드
보수
스텝박스
덤벨
짐볼

**프로그램이 힘에 부치는 것은 당연하다.
목표를 향해 가다 보면 힘든 순간이 찾아오기도 한다.
하지만 우리는 이겨낼 수 있다.**

하체 운동

10~15 회 / 20~30 초	
15~20 회 / 30~40 초	
20~25 회 / 40~50 초	

동작 1: 탄력밴드를 사용한 스쿼트

탄력밴드를 무릎 바로 위에 착용한다. 양발을 어깨 너비로 벌리고 발가락은 살짝 바깥쪽으로 둔 채 선다. 무릎이 90도가 될 때까지 몸을 낮추고 그대로 4초간 멈춘다. 발뒤꿈치로 바닥을 밀어내듯이 몸을 일으켜 시작 자세로 돌아온다.

동작 2: 탄력밴드 2개를 사용한 스텝과 사이드 점프(97페이지 참조)

동작 3: 보수를 사용한 리버스 런지

양발을 어깨 너비로 벌려 서고 두 팔을 머리 위로 올린다. 손바닥이 정면을 향하도록 한 채 손깍지를 낀다. 발을 뒤로 뻗어서, 단단한 면이 위로 향해 있는 보수에 한쪽 발을 올린다. 무릎을 바닥 쪽으로 낮춘다. 힘차게 몸을 일으켜 시작 자세로 돌아온다. 반복 횟수를 모두 채운 뒤 다리를 반대쪽으로 바꾼다.

동작 4: 덤벨을 사용한 스텝박스 점프 스쿼트

양손에 덤벨을 잡는다. 스텝박스를 앞에 두고 25cm 정도 떨어진 곳에 선다. 양발을 어깨 너비로 벌리고 팔은 몸 옆에 나란히 둔다. 스쿼트 자세를 취한다. 폴짝 뛰어올라, 스텝박스 위에 두 발로 착지하면서 들고 있던 덤벨을 나란히 붙인다. 스텝박스 위에서 스쿼트를 한 번 한 뒤 바닥으로 내려온다.

용기와 긍정적인 생각들로
마음을 가득 채우자!

동작 5: 탄력밴드와 덤벨을 사용한 힙 쓰러스트

무릎 가까이에 탄력밴드를 착용하고 양 어깨뼈를 벤치 위에 올려 천장을 보고 눕는다. 골반뼈 앞에는 덤벨을 나란히 올려둔다. 양발은 어깨 너비, 무릎은 90도 각도로 유지한다. 엉덩이를 아래로 내려 바닥 위 2.5cm 높이에 둔다. 둔근(볼기근)을 수축하여 천천히 시작 자세로 돌아온다.

시각화의 도움을 받아보자.
앞으로 무엇을 할지, 그리고 어디를 향해 가야 할지
머릿속에 그림을 그려 보는 것이다.
목적지에 다다른 나의 모습을 떠올려보자.

상체 운동

동작 1: 손 위치 바꿔가며 푸시업 하기

양손을 어깨 너비로 벌려 바닥을 짚는다. 이때 한쪽 손이 반대쪽 손보다 조금 앞에 오도록 한다. 양 팔꿈치가 90도 각도가 될 때까지 몸을 낮춘다. 힘을 주는 순간에 호흡을 내쉬면서 바닥을 밀어내듯 몸을 올린다. 손의 위치를 바꿔서, 이번에는 뒤에 있던 손이 앞에 오도록 바닥을 짚는다. 똑같은 횟수로 반복한다.

동작 2: 하프 레이즈를 포함한 짐볼에 앉아서 하는 어깨 연속 동작

짐볼에 앉아 있으면 하체를 사용할 수 없으므로 상체 근육을 고립할 수 있다. 또한 래터럴
레이즈를 할 때 덤벨을 절반만 들어 올리면 근육이 긴장을 한시도 늦출 수 없게 된다.
팔꿈치를 살짝 구부리고 덤벨을 양옆으로 들어 올린다. 덤벨은 어깨 높이의 절반까지만
올린다. 시작 자세로 돌아온다.

자세를 바꾸어 숄더 프레스를 준비한다. 양손에 덤벨을 잡고 팔을 90도 각도로 굽힌다.
덤벨이 귀 옆 15cm 정도 떨어진 위치에 오게 한다. 천장을 향해 덤벨을 들어 올려서 두
덤벨의 모서리가 살포시 맞닿게 한다. 덤벨을 내려 어깨와 팔이 다시 한번 직각을 이루게
한다.

자세를 바꿔 프론트 레이즈를 준비한다. 덤벨이 허벅지에 닿도록 잡고, 팔꿈치를 살짝
구부린 채 한쪽 덤벨을 어깨 높이까지 들어 올렸다가 시작 자세로 돌아온다. 반대쪽도
동일하게 반복한다.

자세를 바꾸어 벤트 오버 래터럴 레이즈를 준비한다. 척주, 허리, 목의 중립을 유지한다.
양팔을 늘어뜨려 덤벨을 가슴 아래 정강이 가까이에서 매달아 놓듯이 잡는다. 팔꿈치를
살짝 구부린 채 양쪽 덤벨이 어깨와 수평을 이룰 때까지 위로 끌어당긴다. 그리고 제자리로
돌아온다.

동작 3: 짐볼을 사용한 팔 연속 동작(128페이지 참조)

동작 4: 보수를 사용한 얼터네이트 덤벨 벤트 오버 로우

보수 위에 올라서서 양손에 적당한 무게의 덤벨을 하나씩 들고 몸을 가볍게 숙인다.
한 번에 하나씩, 덤벨을 가슴 가까이로 끌어당겼다가 다시 내려 시작 자세로 돌아온다.
반대쪽도 동일하게 반복한다.

동작 5: 덤벨 클린 앤 프레스

양손에 덤벨을 하나씩 잡는다. 무릎 관절을 살짝 구부려 부드럽게 한 뒤 스쿼트 자세로
몸을 숙인다. 체중이 발목과 무릎에 고루 실려야 한다. 스쿼트 자세로 몸을 일으키며
덤벨을 가슴 근처로 들어 올린다. 곧이어 숄더 프레스로 덤벨을 밀어 올린다.

"사이먼은 내가 잘하는 일과 못하는 일을
제대로 파악할 수 있도록 큰 도움을 줬습니다."

톰 히들스턴

동적 스트레칭

	10~15 회 / 20~30 초
	15~20 회 / 30~40 초
	20~25 회 / 40~50 초

동작 1: 요추 하부 스트레칭(105페이지 참조)

동작 2: 둔근과 이상근 스트레칭(105페이지 참조)

동작 3: 등 구르기(106페이지 참조)

동작 4: 요추 하부 비틀기(106페이지 참조)

동작 5: 상체 연속 스트레칭(108페이지 참조)

코어 운동

	10~15 회 / 20~30 초
	15~20 회 / 30~40 초
	20~25 회 / 40~50 초

동작 1: 덤벨을 사용한 크런치(110페이지 참조)

동작 2: 양다리를 올린 채 하는 덤벨 크런치(111페이지 참조)

동작 3: 브이 싯업(111페이지 참조)

동작 4: 크로스 크런치(112페이지 참조)

동작 5: 크런치 홀드(112페이지 참조)

전신 운동

	10~15 회 / 20~30 초
	15~20 회 / 30~40 초
	20~25 회 / 40~50 초

동작 1: 가장 어려웠던 하체 동작

동작 2: 손 위치 바꿔가며 푸시업 하기(141페이지 참조)

동작 3: 탄력밴드 2개를 사용한 스텝과 사이드 점프(97페이지 참조)

동작 4: 보수를 사용한 얼터네이트 덤벨 벤트 오버 로우(144페이지 참조)

동작 5: 덤벨 클린 앤 프레스(144페이지 참조)

6주차 건강 습관

영양

- 간절하게 먹고픈 음식이 있을 때는 망설이지 말고 먹는다. 단, 적당히 먹어야 한다. 과도한 제한을 두거나 스스로를 가혹하게 얽매지 말자.
- 유혹이 찾아오는 순간을 미리 대비해두면 피하기도 쉬워진다. 배가 너무 고플 때는 눈에 띄는 음식에 먼저 손이 가기 마련이다. 하지만 미리 계획을 세워서 냉장고에 신선하고 건강한 식재료를 가득 채워둔다면, 보다 건강한 음식을 만들어 먹을 수 있다.
- 건강한 요리를 만들어 먹으려고 노력하는 중이라면, 재료를 2배로 늘려서 다음 끼니에 먹을 음식을 미리 준비해두면 어떨지? 이 방법을 쓰면 같은 음식을 내일이나 이번 주중에 한 번 더 즐길 수 있다.

웰빙

- 6주차에 들어서 영 기운이 나지 않고 의욕도 생기지 않는 날이 찾아오면, 도저히 그날 주어진 운동 프로그램을 끝까지 해낼 자신이 없더라도 일단 시작은 해보길 바란다. 일단 움직이고 나면 몸과 마음도 따라오기 시작해 스스로도 깜짝 놀랄 것이다.
- 운동이 끝난 뒤, 소파에 앉아 잠깐이라도 눈을 붙이고 싶어지는가? 아니면 오히려 에너지가 몸 전체에 차오르는 느낌이 드는가? 운동으로 부족한 에너지를 보충하고 하루를 준비할 수 있어야 한다.
- 삶을 긍정적으로 바라보자. 긍정적인 시각은 컨디션 향상에 도움이 된다. 뿐만 아니라 원하는 결과를 향해 바른 길로 나아가고 있다는 사실을 인지함으로써 신체를 한층 강하게 단련할 수 있다.

적립식 운동법 : 5-3

월요일 **하체 운동**	1. 탄력밴드를 사용한 스쿼트 2. 탄력밴드 2개를 사용한 스텝과 사이드 점프 3. 보수를 사용한 리버스 런지 4. 덤벨을 사용한 스텝박스 점프 스쿼트 5. 탄력밴드와 덤벨을 사용한 힙 쓰러스트
화요일 **상체 운동**	1. 손 위치 바꿔가며 푸시업 하기 2. 하프 레이즈를 포함한 짐볼에 앉아서 하는 어깨 연속 동작 3. 짐볼을 사용한 팔 연속 동작 4. 보수를 사용한 얼터네이트 덤벨 벤트 오버 로우 5. 덤벨 클린 앤 프레스
수요일 **동적 스트레칭**	1. 요추 하부 스트레칭 2. 둔근과 이상근 스트레칭 3. 등 구르기 4. 요추 하부 비틀기 5. 상체 연속 스트레칭
목요일 **코어 운동**	1. 덤벨을 사용한 크런치 2. 양다리를 올린 채 하는 덤벨 크런치 3. 브이 싯업 4. 크로스 크런치 5. 크런치 홀드
금요일 **전신 운동**	1. 가장 어려웠던 하체 동작 2. 손 위치 바꿔가며 푸시업 하기 3. 탄력밴드 2개를 사용한 스텝과 사이드 점프 4. 보수를 사용한 얼터네이트 덤벨 벤트 오버 로우 5. 덤벨 클린 앤 프레스
토요일 **스포츠와 레저**	심장이 두근거리는 일에 도전해보자. 마지막으로 전속력 달리기를 한 적이 언제였던가? 약간 빠르게 달리는 것 말고, 말 그대로 전속력 달리기 말이다. 달리기 말고도 자전거를 타거나 공차기를 해봐도 좋다.

7주차

"여러 편의 영화
시리즈를 찍는 동안
부상 없이 건강과
체력을 최고의 상태로
유지할 수 있었습니다.
모두 사이먼이 도와준
덕분이죠."

브라이스 달라스 하워드

<쥬라기 월드> 시리즈의 주인공

이제 궤도에 올랐다

운동을 하지 못할 충분한 이유가 있는 날에는 운동을 하루 빼먹었다고 죄책감을 느낄 필요가 전혀 없다. 직장에서 갑자기 바쁜 업무가 생기거나, 꼭 참여해야 하는 가족 행사가 있을 수도 있다. 무슨 이유든, 죄책감을 느끼지는 말자. 대신, 내일은 꼭 다시 운동을 시작하기로 약속하자.

적립식 운동법 : 5-4

도저히 피할 수 없는 중요한 일이 생겨서 운동을 하루 쉬어가는 경우와 그냥 귀찮아서 혹은 약간 피곤하거나 의욕이 없고 뭔가 다른 일을 하면서 시간을 보내고 싶다는 등의 사소한 이유로 운동을 건너뛰는 경우는 완전히 다르다. 이는 분명 좋지 않다. 하지만 운동을 쉬어갈 만한 정당한 이유가 있다면, 운동 외에 해야 할 일과가 있다는 사실에 죄책감을 느낄 필요가 없다. 현실적이고 유연한 자세를 갖춰야 한다.

7주차에 다다르면 이미 정신적·육체적으로 운동의 궤적이 쌓여 있는 단계에 들어선 셈이다. 그러므로 불가피한 사정 때문에 군데군데 운동을 빼먹는 일이 생기더라도, 지금까지 열심히 쌓아 온 모든 노력의 산물이 수포로 돌아갔다는 생각에 빠지지 않기 바란다. 이미 6주간의 프로그램을 성실하게 해왔으므로 속상해할 이유가 단 하나도 없다. 여러분은 이미 승리자다. 운동을 한 번 건너뛰었다고 해서 프로그램 전체가 물거품이 되지는 않는다. 그러니 스스로를 지나치게 채찍질하지 말자. 기분만 나빠질 뿐이다. 이 프로그램의 주요 목적은 신체 능력

향상뿐만이 아니다. 마음을 건강하게 다스리는 것 또한 중요하다는 사실을 기억하자.

우선순위를 재설정하자

지금 우리가 하는 프로그램은 물론이고, 모든 일에 100% 최선을 다하고 싶은 것이 우리 모두의 마음이지만, 삶이 그리 녹록치가 않다. 삶의 우선순위는 계속 바뀌기 마련이다. 오늘과 내일의 우선순위가 바뀌는 일도 잦다. 그러니 가족 관계나 업무 등의 다른 일들에 더 시간을 쏟게 되어도 괜찮다. 하지만 여러분이 지난 10주간 프로그램을 완성하기 위해 얼마나 많은 노력을 쏟아 왔는지, 그리고 어떤 건강 목표를 향해 달려왔는지 항상 기억하기 바란다. 지난 2주차 챕터에서는 엘리트 운동선수들이 어떤 식으로 컨디션 조절을 하는지 살펴보았다. 필요한 순간에 잠시 숨을 고르고, 기회가 찾아왔을 때 강하게 밀어붙이는 법을 기억할 것이다. 바로 지금이 지난 시간에 배운 것을 활용할 순간일지도 모른다. 속도를 올리기에 적당한 때를

기다리며 며칠 정도 쉬어 가는 것도 좋겠다. 한가로운 주말을 맞이하여 서서히 움직이며 몸의 회복과 평안을 되찾기 위한 시간을 가져도 좋다. 하지만 너무 들뜬 나머지 그다음 운동 세션의 강도를 한꺼번에 올리려 하지는 말자. 너무 무리했다가는 부상을 입을 수 있다. 다치면 운동을 하루 쉬어가는 정도로 끝나지 않는다. 프로그램 전체를 중단해야 할 수도 있으니 주의해야 한다.

　이번 주부터는 각 동작 사이에 실시하는 유산소 운동을 3분에서 4분으로 늘렸다. 여러분의 심폐지구력은 매주 끊임없이 향상하고 있으므로, 지금쯤이면 1분을 더하는 정도는 충분히 감당할 수 있을 것이다. 7주, 8주와 9주차는 추진력을 극대화하고 운동 효과를 보다 빠르게 끌어올릴 수 있는 기회. 이번 주에는 새로운 동적 스트레칭과 코어 운동을 소개할 예정이다. 또한 새로운 자극을 더하고 의욕을 북돋을 수 있도록 목요일의 코어 프로그램에 선택지를 몇 가지 추가했다.

카운트다운

만일 여러분이 배우라면, 그리고 여러분이 맡은 역할에 맞추어 진행하는 중이라면, 지금부터 카운트다운을 시작해야 한다. 특정 역할이나 촬영 장면을 준비하는 데 우리에게 주어진 시간은 10주. 처음 6주 동안은 배우의 몸 상태에 크게 신경 쓰는 사람이 없다. 하지만 7주차부터는 제작진들이 배우의 신체 능력, 즉 근력이나 민첩성 등에 슬슬 관심을 기울이기 시작한다. 촬영 시작을 3주에서 4주 앞두고는 스턴트 연출 리허설, 헤어와 메이크업 테스트, 그리고 의상 피팅을 시작한다. 여러분도 마찬가지로 마지막 주에 최종적으로 무엇을 이루고 싶은지 지금부터 생각해둬야 한다. 프로그램을 완수함으로써 얻고자 한 것이 무엇인지 시간을 들여 고민해보기 바란다.

7주차 준비물

탄력밴드
벤치
보수
스텝박스
덤벨
메디신볼 외 근력 운동 소도구

코어 응용 동작용

케이지
케틀벨
짐볼

하체 운동

	10~15 회 / 20~30 초
	15~20 회 / 30~40 초
	20~25 회 / 40~50 초

동작 1: 탄력밴드와 도구를 사용한 스쿼트

탄력밴드를 무릎 바로 위에 걸친다. 케틀벨이나 근력 운동 도구를 양손으로 들고 가슴 근처에 둔다. 양발을 어깨 너비로 벌리고 발가락은 살짝 바깥쪽으로 둔 채 선다. 무릎이 90도가 될 때까지 몸을 낮추고 그대로 4초 동안 멈춘다. 발뒤꿈치로 바닥을 밀어내듯 몸을 일으켜 시작 자세로 돌아온다.

동작 2: 도구를 사용한 사이드 런지와 니 드라이브

덤벨이나 케틀벨 등 근력 운동 도구를 들고 가슴 중앙 가까이에 둔다. 오른쪽으로 발을 한 발짝 크게 벌리고, 왼쪽 다리는 쭉 뻗은 상태로 오른쪽 무릎을 굽혀 스쿼트 자세로 몸을 낮춘다. 발뒤꿈치로 바닥을 밀어내듯이 올라와 시작 자세로 돌아온 뒤 곧바로 니 드라이브 동작을 연결한다. 무릎이 90도가 되도록 몸 앞으로 들어 올린 다음, 상체를 오른쪽으로 돌려 비튼다. 시작 자세로 돌아와서 반대쪽 다리도 동일하게 반복한다.

동작 3: 보수와 도구를 사용한 리버스 런지

덤벨이나 케틀벨을 손에 들고 양발을 어깨 너비로 벌려 선다. 다리를 뒤로 뻗어서 단단한 면이 위로 향해 있는 보수에 한쪽 발을 올린다. 무릎을 바닥 쪽으로 낮춘다. 힘차게 몸을 일으켜 시작 자세로 돌아온다. 반복 횟수를 모두 채운 뒤 다리를 반대쪽으로 바꾼다.

동작 4: 플라이오메트릭 스텝박스 점프

스텝박스를 앞에 두고 25cm 정도 떨어진 곳에 선다. 양발을 어깨 너비로 벌리고 팔은 몸 옆에 나란히 둔다. 스쿼트 자세를 취한다. 힘껏 뛰어올라 스텝박스 위에 두 발로 착지했다가 스텝박스 아래로 내려온다. 곧이어 양손을 스텝박스 위에 올린 채, 바닥을 발로 박차 몸을 뒤로 쭉 뻗었다가 다시 제자리로 온다. 몸을 일으켜 시작 자세로 돌아온다.

동작 5: 노르딕 컬 변형 동작

무릎을 꿇고 앉는다. 이때 발뒤꿈치가 움직이지 않도록 벤치 등을 이용해 고정한다. 운동 파트너가 있다면 다리를 잡아 달라고 부탁해도 좋다. 보수나 스텝박스를 앞에 두고 몸을 낮추는데, 기구에 손이 닿을 때까지 둔근(볼기근)과 햄스트링의 긴장을 유지하면서 아주 천천히 움직여야 한다. 손바닥이 기구에 닿으면 팔꿈치가 90각도가 될 때까지 몸을 더 낮춘다. 손으로 바닥을 밀어내듯 몸을 일으켜 시작 자세로 돌아온다.

상체 운동

10~15 회 / 20~30 초	
15~20 회 / 30~40 초	
20~25 회 / 40~50 초	

동작 1: 손 위치 바꿔가며 니 드라이브 푸시업

양손을 어깨 너비로 벌려 바닥을 짚는다. 이때 한쪽 손이 반대쪽 손보다 조금 앞에 오도록
한다. 양 팔꿈치가 90도 각도가 될 때까지 몸을 낮춘다. 힘을 주는 순간에 호흡을 내쉬면서
바닥을 밀어내듯 몸을 올린다. 손의 위치를 바꿔서, 이번에는 뒤에 있던 손이 앞에 오도록
바닥을 짚는다. 무릎을 들어 가슴 가까이로 차 올린다. 양쪽 다리를 번갈아 움직인다.

**살다 보면 삶의 우선순위가
계속해서 변하기 마련이다.
그리고 정말 중요한 일이 생겼을 때는
운동을 뒤로 미뤄야 할 때도 있다.
이 사실을 받아들여야 한다.**

동작 2: 무릎 꿇고 하는 어깨 연속 동작

바닥에 무릎을 대고 앉아 시작한다. 이 자세로는 하체를 사용할 수 없으므로 상체 근육을 고립시킬 수 있다. 래터럴 레이즈를 시작한다. 팔꿈치를 살짝 구부리고 덤벨을 양옆으로 들어 올려 양팔과 어깨가 수평을 이루게 한다. 시작 자세로 돌아온다.

자세를 바꾸어 숄더 프레스를 준비한다. 양손에 덤벨을 잡고 팔을 90도 각도로 굽힌다. 덤벨이 귀 옆으로 15cm 정도 떨어진 위치에 오게 한다. 천장을 향해 덤벨을 들어 올려서 두 덤벨의 모서리가 살포시 맞닿게 한다. 덤벨을 내려 어깨와 팔이 다시 한번 직각을 이루게 한다.

자세를 바꾸어 프론트 레이즈를 준비한다. 덤벨이 허벅지에 살짝 닿도록 잡은 뒤, 팔꿈치를 살짝 구부리고 양쪽의 덤벨을 동시에 어깨 높이까지 들어 올렸다가 시작 자세로 돌아온다.

자세를 바꾸어 벤트 오버 래터럴 레이즈를 준비한다. 척주, 허리, 목의 중립을 유지한다. 양팔을 늘어뜨려 덤벨을 가슴 아래 정강이 가까이에 매달아 놓듯이 둔다. 팔꿈치를 살짝 구부린 채 덤벨이 양어깨와 수평을 이룰 때까지 위로 끌어올린다. 그리고 제자리로 돌아온다.

동작 3: 무릎 꿇고 하는 팔 연속 동작

바닥을 무릎에 대고 앉아 상체 근육을 고립시킨 채로 시작한다. 양손에 덤벨을 하나씩 들고, 다리에서 15cm 정도 떨어진 위치에 둔다. 손바닥은 몸의 앞쪽을 향하게 한다. 덤벨이 어깨 높이까지 오도록 천천히 들어 올린다. 마지막에 팔꿈치를 5cm만 위로 올려 근육에 자극을 더한 다음 제자리로 돌아온다.

손의 방향을 바꾸어 손바닥이 몸을 마주 보고 덤벨이 다리 가까이에 오도록 한다. 덤벨이 어깨 높이까지 오도록 팔꿈치를 구부려 덤벨 컬을 실시한다. 팔꿈치를 살짝 기울이듯 올려서 상완이두근(위팔두갈래근)에 자극을 더한 다음 제자리로 돌아온다.

트라이셉스 딥 동작을 할 때는 벤치가 필요하다. 난이도를 더하고 싶을 때는 벤치를 하나 더 사용하여 다리를 올린다. 손가락이 벤치 끝자락 바깥으로 나오게 둔 채, 엉덩이가 아닌 손바닥 위에 앉아있는 듯한 느낌으로 자세를 잡는다. 팔꿈치가 90도가 될 때까지 몸을 낮춘다. 그리고 시작 자세로 돌아온다.

체중을 사용한 근력 운동을 해보자.
몸은 힘들지만 마음에 보람이 쌓일 것이다.

동작 4: 덤벨 플라이오메트릭

양손에 덤벨을 하나씩 들고, 무릎을 살짝 굽혀 부드럽게 만든 뒤 스쿼트 자세로 몸을
낮춘다. 두 덤벨을 가슴 가까이로 끌어당겼다가 시작 자세로 돌아온다. 이어서 덤벨을
바닥에 내려놓으며 플라이오메트릭을 실시한다. 양다리를 뒤로 차듯이 쭉 뻗었다가 다시
앞으로 돌아온다. 시작 자세로 돌아온다.

동작 5: 덤벨 클린 앤 프레스(144페이지 참조)

동적 스트레칭

	10~15 회 / 20~30 초
	15~20 회 / 30~40 초
	20~25 회 / 40~50 초

동작 1: 리버스 런지를 응용한 고관절 스트레칭

양발을 어깨 너비로 벌려 선다. 한쪽 발을 성큼 뒤로 내딛어 무릎을 바닥에 내려놓는다. 손을 머리 위로 들어 올려서 손깍지를 끼고, 상체를 뒤로 살짝 젖혀 고관절(엉덩관절 굽힘근)을 스트레칭 한다. 앞뒤로 몸을 움직이는 동작을 추가하여 역동성을 더해도 좋다. 시작 자세로 돌아와서 반대쪽 다리도 동일하게 반복한다.

동작 2: 리버스 런지와 무릎 당기기를 응용한 대퇴사두근 스트레칭

자리에 서서 대퇴사두근(넙다리네갈래근) 스트레칭 자세로 한쪽 다리를 들어 손으로 발등을 잡는다. 30초 동안 멈췄다가 발을 뒤로 뻗어 무릎을 바닥에 내려놓고 리버스 런지 자세를 취한다. 두 팔은 머리 위로 올려서 손깍지를 낀다. 시작 자세로 돌아왔다가, 무릎을 몸 앞쪽으로 들어 올린다. 양손으로 무릎을 끌어안고 강하게 당긴다. 반대쪽 다리도 동일하게 반복한다.

동작 3: 페달 투 스탠딩

양손을 바닥에 두고 엉덩이는 천장 쪽으로 높이 들어 올려 파이크 자세를 취한다. 페달을
밟듯이 발뒤꿈치를 올린다. 왼쪽, 오른쪽, 왼쪽, 오른쪽 순서대로 움직여서 발뒤꿈치가
번갈아 바닥 위로 떨어져 있게 한다. 발이 양손 가운데로 올 때까지 페달을 밟듯 앞으로 한
발짝씩 걸어간다. 그리고 천천히 자리에서 일어난다.

동작 4: 상체 연속 스트레칭

무릎을 바닥에 대고 엉덩이는 발뒤꿈치 위에 올려 앉는다. 팔을 뒤로 젖혀 손을 바닥에 대고 어깨와 복부 근육을 스트레칭 한다. 다음 스트레칭을 준비한다. 무릎을 꿇은 자세를 유지하고, 한쪽 팔을 들어 반대편 가슴 쪽으로 길게 뻗은 다음 다른 쪽 팔로 고정한다. 근육이 편안하게 스트레칭 되는 느낌이 들 때까지 팔을 가슴 쪽으로 끌어안듯이 누른다. 반대쪽도 동일하게 반복한다.

이번에는 팔을 등 뒤로 뻗은 다음 두 손을 모아서 깍지를 낀다. 손을 위로, 몸에서 멀어지도록 가볍게 들어 올린다. 가슴은 활짝 내민다. 다음 스트레칭을 위해 자세를 바꾼다. 한쪽 팔을 머리 위로 올렸다가 팔꿈치를 구부려 손이 등에 닿게 한다. 손가락이 척추 아래쪽을 가리켜야 한다. 상완삼두근(위팔세갈래근)이 더 늘어나도록 반대쪽 손으로 팔꿈치를 가볍게 누른다. 반대쪽 팔도 똑같이 반복한다.

그다음은 손가락이 몸을 가리키도록 손목을 돌려서 손으로 바닥을 짚는다. 아래팔을 스트레칭 하며 몸을 살짝 뒤로 기울인다. 몸을 일으켜 이번엔 손가락이 앞쪽을 향하도록 손목을 돌린다. 손목을 시계 방향으로 회전한 다음 반시계 방향으로도 돌린다.

이번에는 양손을 모아 깍지를 낀 다음 양쪽 어깨뼈가 벌어지도록 멀리 밀어낸다. 그대로 잠시 멈췄다가 시작 자세로 돌아온다. 마무리로 손을 머리에 올려 손가락이 반대편 옆머리에 닿게 한다. 손으로 머리를 가볍게 누르면서 고개를 한쪽으로 기울여 목을 편안하게 스트레칭한다. 반대쪽 팔도 동일하게 실시한다.

동작 5: 고관절 외전근과 햄스트링 연속 스트레칭

고관절 외전근(엉덩관절 벌림근)과 햄스트링을 스트레칭 하는 동작이다. 바닥에 바른 자세로 앉아 한쪽 다리를 몸 앞쪽에 길게 뻗는다. 반대쪽 발을 구부려서 발뒤꿈치가 쭉 뻗은 다리의 허벅지 안쪽에 닿게 한다. 발가락에 손이 닿도록 몸을 숙여 스트레칭 한다. 그대로 앉아서 두 발의 발바닥을 맞붙인 다음 발목을 잡는다. 팔꿈치를 무릎 위에 올려 바닥으로 밀어낸다.

코어 운동

10~15 회 / 20~30 초	
15~20 회 / 30~40 초	
20~25 회 / 40~50 초	

동작 1: 보수를 사용한 얼터네이트 니 드라이브

보수의 단단한 면을 바닥에 두고 그 위에 앉아서 시작한다. 보수 양옆에 손을 가볍게 올려둔 채로 몸을 살짝 뒤로 기울인다. 한쪽 무릎을 가슴 가까이로 끌어당겼다가 바닥 쪽으로 내린다. 그리고 반대쪽도 똑같은 방식으로 번갈아가며 반복한다. 오른쪽 왼쪽을 한 번씩 해야 반복 횟수 1회를 채운 것으로 간주한다.

동작 2: 보수를 사용한 레그 레이즈

보수 위에 앉아서 시작한다. 보수 양옆에 손을 가볍게 올려 둔 채로 몸을 살짝 뒤로 기울인다. 양다리를 쭉 뻗은 채 들어 바닥과 수평을 이루게 한다. 다리를 좀 더 들어 45도 각도로 올렸다가 시작 자세로 돌아온다. 복부 근육에 힘을 단단히 주어야 한다.

동작 3: 보수를 사용한 힐 탭

보수 위에 앉아서 보수 양옆에 손을 올리고 몸을 뒤로 기울인다. 양다리를 바닥 위로 들어 올려 몸과 직각이 되도록 만든다. 이때 무릎을 쭉 펴야 한다. 한쪽 발뒤꿈치가 지면에 닿도록 아래로 내렸다가 올린다. 반대쪽도 동일하게 반복한다.

동작 4: 메디신볼 트위스트

바닥에 앉아서 양발을 바닥 위로 살짝 들어 올린다. 메디신볼이나 무게 저항을 줄 수 있는 공 모양의 도구를 가슴 앞에 잡는다. 몸을 회전하여 메디신볼로 왼쪽 바닥을 터치한다. 몸을 돌려 가운데로 돌아온다. 그리고 반대쪽으로 회전하여 메디신볼로 오른쪽 바닥을 터치한다. 다시 가운데로 돌아온다.

동작 5: 보수를 사용한 플랭크

무릎을 바닥에 대고 발목은 뒤에서 교차시킨다. 양손은 몸 앞에서 깍지를 끼워 모으고
팔꿈치를 보수 위에 올린다. 코어와 둔근(볼기근)에 힘을 준 채, 반복 횟수 가이드를 참고하여
각자의 운동 능력에 알맞게 주어진 시간 동안 자세를 유지한다. 운동 강도를 높이고 싶다면
무릎과 엉덩이를 들고 플랭크 자세를 취한다.

목표를 마음에 새겨 두자.
그 목표에서 한시도 눈을 떼지 말라.

7주에서 9주차 코어 응용 동작

사용 가능한 도구들이 있다면, 응용 동작들을 몇 가지 추가해보는 것은 어떨까?
아래 동작들 중에서 선택하여 시도해보자.

케이지 크런치

케이지 안으로 들어가 바닥에 눕는다. 패드 위에 머리를 편안하게 대고, 손은 케이지 위에 올리되 손가락에는 힘을 뺀다. 복부 근육을 쥐어짜듯 움직여 몸을 일으켰다가 내려온다. 케이지를 사용함으로써 전체 움직임을 이전보다 쉬이 컨트롤할 수 있다는 느낌이 들 것이다(사진 속에서 사용하는 기구는 다양한 명칭이 있는데, 해외에서는 대략 'ABS Slimmer Trimmer'로 검색해 구매할 수 있다. 우리나라에서는 여러 제품이 있지만, 대표적으로 '식스팩코어'라는 이름으로 판매되고 있다−옮긴이).

케이지를 사용하기 어려운 환경이라면 크런치 속도를 조절하는 것으로 대체해도 좋다. 3초를 세면서 몸을 일으켰다가 다시 3초를 세면서 내려온다.

다리 들고 케이지 크런치

케이지 패드 위에 머리를 편안히 대고 바닥에 눕는다. 상체를 곧게 유지하고 아래팔을 이용해 케이지를 누른 채로 무릎을 들어 가슴 쪽으로 올린다. 복부 근육을 쥐어짜듯 움직여 몸을 일으키는 동시에 양 무릎을 몸 쪽으로 끌어당긴다. 시작 자세로 돌아온다.

케틀벨 돌리기

  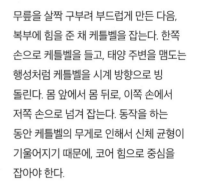

무릎을 살짝 구부려 부드럽게 만든 다음, 복부에 힘을 준 채 케틀벨을 잡는다. 한쪽 손으로 케틀벨을 들고, 태양 주변을 맴도는 행성처럼 케틀벨을 시계 방향으로 빙 돌린다. 몸 앞에서 몸 뒤로, 이쪽 손에서 저쪽 손으로 넘겨 잡는다. 동작을 하는 동안 케틀벨의 무게로 인해서 신체 균형이 기울어지기 때문에, 코어 힘으로 중심을 잡아야 한다.

지금까지 전후좌우로 움직이는 운동만 해왔는가?
회전 움직임을 잊어서는 안 된다.
회전 운동을 해야 동적 유연성을 향상시킬 수 있다.

짐볼을 사용한 브이 싯업

바닥에 누워서 바닥 위에 있는 짐볼을 양발 사이에 둔다. 두 발로 짐볼을 꽉 잡은 채 다리를
들어 올려서 양손으로 짐볼을 넘겨받는다. 짐볼이 머리 위 바닥에 살짝 닿을 때까지 손을
뒤로 멀리 뻗는다. 그리고 짐볼을 다시 몸 가운데로 옮겨 온다. 양발도 함께 움직여서
짐볼을 다시 넘겨받는다. 여기까지가 1회다.

짐볼 돌리기

짐볼에 아래팔을 올려놓고 다리를 뒤로 쭉 뻗어 플랭크 자세를 취한다. 짐볼을 가볍게 밀어내어 허리의 중립을 유지하고 복부에 힘을 주어야 한다. 짐볼 위에서 팔로 시계 방향의 원을 그리듯 움직인다. 반시계 방향으로도 움직인다.

짐볼을 사용한 밧줄 타기

짐볼 위에 앉아서 시작한다. 양발을 지면에 붙이고 몸은 뒤로 살짝 젖힌다. 양손을 번갈아 움직이며 밧줄을 잡아당긴다고 상상해보자. 크런치 자세를 유지하여 상체를 위로 일으킨 상태로 버텨야 한다.

전신 운동

	10~15 회 / 20~30 초
	15~20 회 / 30~40 초
	20~25 회 / 40~50 초

동작 1: 가장 어려웠던 하체 동작

동작 2: 손 위치 바꿔가며 니 드라이브 푸시업(157페이지 참조)

동작 3: 도구를 사용한 사이드 런지와 니 드라이브(154페이지 참조)

동작 4: 덤벨 플라이오메트릭(163페이지 참조)

동작 5: 덤벨 클린 앤 프레스(144페이지 참조)

7주차 건강 습관

영양

- 물을 항상 가까이에 두고 규칙적으로 마시자. 한 번에 많은 양을 벌컥벌컥 마시는 것보다는 적은 양을 조금씩 해서 자주 마시는 편이 좋다.
- 장 건강은 정말로 중요하다. 영양소를 잘 흡수하고 분배하는 역할을 함으로써 몸의 회복과 에너지 생산에 도움이 되기 때문이다. 장 건강을 향상시키려면 프로바이오틱스 유산균이 필요하다. 김치 등의 발효 채소, 또는 케피르와 같은 발효 요거트 등으로 프로바이오틱스를 섭취할 수 있다. 활력이 넘치고 충분히 숙면을 취하고 있다면, 이는 대체로 장 건강이 양호하다는 신호다.
- 지나치게 단순한 식단은 오히려 독이 된다. 삼시세끼 일주일 내내 똑같은 음식만 먹으면 안 된다. 특정 식품군 섭취를 제한한다면, 우리 몸은 그 식품군을 소화하는 데 필요한 박테리아를 더이상 생성할 필요가 없다고 판단해버릴지도 모른다.
- 영양에 대해 끊임없이 공부해야 한다. 어떤 음식이 우리 몸에 좋은지, 그리고 얼마나 먹어야 좋을지 가능한 많은 정보를 읽어보자. 영양 공부의 길은 정말 넓고도 방대하다.

웰빙

- 이 운동 프로그램은 여러분의 삶에 단비가 되어줄 것이다. 여러분이 받게 될 최고의 칭찬은 외모에 관한 찬사가 아니라, 긍정적인 태도와 넘치는 에너지에 대한 찬사여야 한다.
- 이번 주 훈련에서 운동 강도를 제대로 올리지 못했다 하더라도 스스로를 채찍질하지 말기 바란다. 아무것도 하지 않았던 때에 비하면 정말 잘한 일이다.
- 삶이 힘들어서 운동 의지가 꺾일 때는 스스로에게 조금 너그러워져도 좋다. 오늘 할 수 있는 일을 하자. 그리고 내일 또 최선을 다하면 된다.

적립식 운동법 : 5-4

월요일 **하체 운동**	1. 탄력밴드와 도구를 사용한 스쿼트 2. 도구를 사용한 사이드 런지와 니 드라이브 3. 보수와 도구를 사용한 리버스 런지 4. 플라이오메트릭 스텝박스 점프 5. 노르딕 컬 변형 동작
화요일 **상체 운동**	1. 손 위치 바꿔가며 니 드라이브 푸시업 2. 무릎 꿇고 하는 어깨 연속 동작 3. 무릎 꿇고 하는 팔 연속 동작 4. 덤벨 플라이오메트릭 5. 덤벨 클린 앤 프레스
수요일 **동적 스트레칭**	1. 리버스 런지를 응용한 고관절 스트레칭 2. 리버스 런지와 무릎 당기기를 응용한 대퇴사두근 스트레칭 3. 페달 투 스탠딩 4. 상체 연속 스트레칭 5. 고관절 외전근과 햄스트링 연속 스트레칭
목요일 **코어 운동**	1. 보수를 사용한 얼터네이트 니 드라이브 2. 보수를 사용한 레그 레이즈 3. 보수를 사용한 힐 탭 4. 메디신볼 트위스트 5. 보수를 사용한 플랭크
금요일 **전신 운동**	1. 가장 어려웠던 하체 동작 2. 손 위치 바꿔가며 니 드라이브 푸시업 3. 도구를 사용한 사이드 런지와 니 드라이브 4. 덤벨 플라이오메트릭 5. 덤벨 클린 앤 프레스
토요일 **스포츠와 레저**	어른이 된 이후로 한 번도 해보지 않았던 재미있는 놀이를 해보면 어떨까? 정말 오랜만에 손으로 발가락 터치하기 같은 놀이를 해보는 것도 좋겠다.

8주차

"촬영을 앞두고 사이먼과
훈련하는 과정은
제게 정말로 중요한
일입니다. 영화 촬영은
마라톤 완주와 비슷한
면이 있거든요. 제대로
준비하지 않으면
마지막에 그 대가를
치르게 된다는 점에서요."

디에고 루나

디즈니플러스 오리지널 <스타워즈: 안도르>의 주인공

땀 흘리는 기쁨을 만끽하라

운동의 결과가 눈에 보이기 시작하면 자연히 욕심이 나기 마련이다. 더 많이 움직이고, 더 세게 밀어붙이고 싶어진다. 목표가 코앞에 있다는 느낌이 들기 때문이다. 많이 하면 할수록 좋다고 착각하기도 한다. 하지만 건강 문제는 항상 그렇지만도 않다. 때로는 적당히 하는 편이 더 풍성한 결과로 이어진다.

적립식 운동법 : 5-4

이 단계에 다다르면, 어느 순간 운동을 향한 욕구가 훌쩍 커질지도 모른다. 몇 주 전 6주차의 고비를 넘길 때만 해도 '더는 아무것도 하고 싶지 않아'라는 생각을 되풀이 했던 것과는 반대로, 지금은 아무리 해도 부족하다는 느낌이 든다. 계속 뭔가를 하고 싶고, 또 해야 한다는 생각이 머릿속을 맴도는 경우도 있다. 의욕이 넘친다니 참으로 기쁜 일이다. 이 시기를 잘 이용하면 눈에 띄는 성과를 낼 수도 있다. 하지만 너무 무리하지 않도록 주의해야 한다. 여러분이 계획한 운동 프로그램 그 이상으로 넘어서지 않도록 유의하자.

운동을 조금이라도 더 하고 싶어 하는 배우들을 말리려고 애쓰는 일이 부지기수다. 내 경험상, 운동센터에 머무는 시간을 늘린다 하더라도 그로 인해 얻을 수 있는 운동 효과는 미비하다. 오히려 운동량을 몸이 감당할 수 없게 된다. 다음 번 운동을 하기 전까지 근육이 회복을 마쳐야 하는데, 회복에 필요한 시간을 충분히 확보하지 못한다. 운동 강도가 적당하다면 우리 몸은 운동 후에 분비되는 젖산과 기타 다양한 독소들을 원활히 배출할 수 있다. 하지만 운동 능력치를 넘어서서 운동을 하면, 독소와 산성물질을 제거하는 데 더 오랜 시간이 필요하다. 게다가 이 화학물질들이 근육 세포에 쌓이면서 근육통을 유발한다.

길에서 벗어나지 말자

운동에 들인 시간이 늘어났는데도 결과가 기대했던 만큼 나오지 않으면 낙담하게 된다. 실망감이 운동을 향한 의지를 꺾을 수도 있다. 지금까지 걸어온 길, 그 궤적을 꾸준히 따라가는 편이 훨씬 효과적이다. 이 프로그램을 통해 해왔던 대로 천천히 한 계단씩 올라가는 것이다. 느리지만 꾸준히 나아가는 방식으로 효과를 보았다면, 그리고 그 결과가 나타나기 시작했다면, 계속 그 길로 가자. 25년이 넘는 시간 동안 쌓아 온 나의 경험과 성과를 기반으로 탄생한 이 운동 프로그램을 그대로 따르자. 운동을 하는 시간이 편안해지고 몸이 건강해지는 느낌을 받을 것이다. 날아갈 듯 좋은 기분, 그 느낌을 만끽하자!

운동 강도를 올리고 싶다고? 무게 저항을 올리거나, 횟수를 늘리거나, 유산소 강도를 높이고 싶다고? 굳이 올리겠다면 지금 당장 할 수 있을 것 같은 강도에서 10% 또는 20% 정도 낮춰서 운동해야 한다. 그래야 더 오래 지속할 수 있다. 그래야 프로그램의 나머지 기간을 모두 채우고 그 이후까지도 운동을 이어갈 수 있다. 그리고 이번 주에 너무 무리해서는 안 되는 이유가 한 가지 더 있다. 바로 다음 주에 여러분의 한계를 시험할 시간이 찾아오기 때문이다. 그러니 컨디션을 최대한 좋은 상태로 유지하는 편이 좋다. 이번 주에 남는 에너지로는 운동 대신, 가족 관계 등 삶의 다른 부분에 신경 써 보자. 에너지가 흘러넘치는 바로 그 기분을 마음껏 즐겨 보자.

근력 주간과 유산소 주간

평소와는 달리, 각자의 목표에 따라 '순수 근력 주간' 또는 '순수 유산소 주간' 중 한 가지를 선택해보자. 하지만 여러분이 지금까지 해왔던 나의 적립식 운동법은 효과가 확실하므로 그대로 따라야 한다. 순수 근력 주간을 선택한 경우에는, 프로그램에 포함된 유산소 운동을 전부 목요일의 코어 동작들로 대체하면 된다. 순수 유산소 주간이 마음에 들었다면, 평소보다 역동적인 유산소 운동을 고르는 편이 좋다. 수많은 응용 동작과 프리스타일이 가능한 사다리 뛰기가 좋은 예다. 사다리를 활용하여 직선 운동, 측면 운동, 스텝, 점프, 뜀뛰기 등을 하면서 창의력을 발휘해보자. 보수의 말랑한 면을 위로 두고 스피드와 민첩성, 포괄적 신체 능력 향상을 꾀할 수 있는 색다른 동작을 만들어 봐도 좋다. 아니면 플라이오메트릭 동작을 유산소 운동으로 삼

8주차 준비물

발목 모래주머니
바벨과 원판
벤치
보수
스텝박스
덤벨
짐볼

코어 응용 동작용

케이지
케틀벨
짐볼

아도 좋다. 무게 저항을 이용하던 근력 운동 동작들을 움직임 기반의 동작으로 응용해 유산소처럼 해도 좋다. 하지만 새로운 시도를 해야 한다는 부담감을 느낄 필요는 없다. 원래 하던 유산소 운동을 그대로 하고 싶다면 얼마든지 좋다.

목요일의 코어 운동 시간에는 아주 좋은 선택지들이 있음을 꼭 기억하기 바란다. 7주차 코어 운동 파트에 각 동작들을 올바르고 안전하게 실시할 수 있도록 상세히 설명해두었다.

하체 운동

	10~15 회 / 20~30 초
	15~20 회 / 30~40 초
	20~25 회 / 40~50 초

동작 1: 짐볼을 사용한 스쿼트

짐볼을 벽에 대고 기대어 허리 중간에 위치시킨다. 양발을 어깨 너비로 벌리고, 발가락은 살짝 바깥쪽으로 둔 채 선다. 양팔은 몸 옆으로 편히 늘어뜨려도 되고, 아니면 팔꿈치를 높이 들어 양손을 모은 뒤 몸 앞에 깍지를 끼워도 좋다. 이 자세는 척주의 중립을 유지하는 데 도움이 된다. 무릎이 90도가 되고 짐볼은 등 위쪽에 닿도록 벽에서 미끄러지듯 몸을 낮춘다. 그대로 4초 동안 멈춘다. 발뒤꿈치로 바닥을 밀어내듯 힘차게 올라와 시작 자세로 돌아온다.

몸이 건강하면 정말로 기분이 좋아진다.
그 기분을 즐기자.

동작 2: 덤벨과 발목 모래주머니를 사용한 사이드 런지와 니 드라이브

발목 모래주머니를 착용하여 무게 저항을 더하고, 적당한 무게의 근력 운동 도구를 들고 가슴 중앙 가까이에 둔다. 오른쪽으로 발을 한 발짝 크게 벌리고, 왼쪽 다리는 쭉 뻗은 상태로 오른쪽 무릎을 굽혀 스쿼트 자세로 몸을 낮춘다. 오른쪽 발뒤꿈치로 바닥을 밀어내듯이 올라와 시작 자세로 돌아온 뒤 곧바로 니 드라이브 동작을 연결한다. 무릎이 90도가 되도록 몸 앞으로 들어 올린 다음, 상체를 오른쪽으로 돌려 비튼다. 시작 자세로 돌아와 반대쪽 다리도 동일하게 반복한다.

동작 3: 리버스 런지 점프

양발을 어깨 너비로 벌리고, 한쪽 발을 뒤로 뻗어 벤치 위에 올린다. 뒤쪽 무릎을 바닥 쪽으로 낮추어 런지 자세를 취한다. 발뒤꿈치로 밀어내듯이 몸을 일으켜 시작 자세로 돌아온다. 곧바로 앞쪽 다리에 힘을 주고 공중으로 가볍게 점프한다. 반복 횟수를 모두 채운 다음 반대쪽으로 다리를 바꾼다.

동작 4: 발목 모래주머니를 사용한 플라이오메트릭 점프

발목 모래주머니를 착용한다. 스텝박스를 앞에 두고 25cm 정도 떨어진 곳에 선다. 양발을
어깨 너비로 벌리고 팔은 몸 옆에 나란히 둔다. 스쿼트 자세를 취한다. 힘껏 뛰어올라
스텝박스 위에 두 발로 착지했다가 아래로 내려온다. 곧이어 양손을 스텝박스 위에 올린
채, 바닥을 발로 박차서 몸을 뒤로 쭉 뻗었다가 다시 제자리로 온다. 몸을 일으켜 시작
자세로 돌아온다.

동작 5: 노르딕 컬 변형 동작(156페이지 참조)

상체 운동

10~15 회 / 20~30 초	
15~20 회 / 30~40 초	
20~25 회 / 40~50 초	

동작 1: 사이드 니 드라이브 푸시업

양손을 어깨 너비로 벌려 바닥을 짚는다. 양 팔꿈치가 90도 각도가 될 때까지 몸을 낮추고, 동시에 한쪽 무릎을 옆으로 들어 팔꿈치 쪽으로 차올린다. 힘을 주는 순간에 호흡을 내쉬면서 바닥을 밀어내듯 몸을 올린다. 반대쪽도 똑같이 반복한다. 양다리를 번갈아 움직인다.

**억지로 강도를 높이려 하거나
무리하지 않도록 주의하자.
지나친 욕심으로 남은 프로그램 전체가
위태로워질 수도 있다.**

동작 2: 무릎 꿇고 느리게 하는 어깨 연속 동작

바닥에 무릎을 대고 앉아서 시작한다. 하체를 사용할 수 없으므로 상체 근육을 고립시킬
수 있다. 또한 근육이 긴장하는 총 시간이 늘어나도록 느린 속도로 움직여야 한다. 래터럴
레이즈를 시작한다. 팔꿈치를 살짝 구부리고 덤벨을 양옆으로 들어 올려 팔과 어깨가
수평을 이루게 한다. 시작 자세로 돌아온다.

자세를 바꾸어 숄더 프레스를 준비한다. 양손에 덤벨을 잡고 팔을 90도 각도로 굽힌다.
덤벨이 귀 옆으로 15cm 정도 떨어진 위치에 오게 한다. 천장을 향해 덤벨을 느린 속도로
들어 올려서 두 덤벨의 모서리가 살포시 맞닿게 한다. 덤벨을 내려 어깨와 팔이 다시 한번
직각을 이루게 한다.

자세를 바꾸어 프론트 레이즈를 준비한다. 덤벨이 허벅지에 살짝 닿도록 잡은 뒤, 팔꿈치를 살짝 구부리고 양쪽의 덤벨을 동시에 어깨 높이까지 천천히 들어 올렸다가 시작 자세로 돌아온다.

자세를 바꾸어 벤트 오버 래터럴 레이즈를 준비한다. 척주, 허리, 목의 중립을 유지한다. 양팔을 늘어뜨려 덤벨을 가슴 아래 정강이 가까이에 매달아 놓듯이 둔다. 팔꿈치를 살짝 구부린 채 덤벨이 양어깨와 수평을 이룰 때까지 느린 속도로 끌어올린다. 그리고 제자리로 돌아온다.

동작 3: 무릎 꿇고 하는 팔 연속 동작(160페이지 참조)

동작 4: 덤벨 플라이오메트릭과 푸시업

양손에 덤벨을 하나씩 들고, 무릎을 살짝 굽혀 부드럽게 한 뒤 스쿼트 자세로 몸을 낮춘다.
체중이 발목과 무릎에 고루 실려야 한다. 덤벨을 가슴 가까이로 끌어당겼다가 시작 자세로
돌아온다.

이어서 덤벨을 바닥에 내려놓으며 양다리를 뒤로 차듯이 쭉 뻗어 플라이오메트릭을
실시한다. 푸시업을 한 번 한 다음 양발이 덤벨 가까이에 오도록 점프하여 시작 자세로
돌아온다.

동작 5: 클린 앤 프레스와 플라이오메트릭

바벨에 적당한 무게의 원판을 끼운다. 바벨을 앞에 두고 양발을 어깨 너비로 벌려 선다.
손은 오버핸드 그립을 사용하고 허리와 목의 중립을 유지한다. 바벨을 들어 올릴 때는 바가
허벅지를 자연스럽게 스쳐 지나가야 한다. 바벨이 팔꿈치 높이에 다다르면 바를 빠르게
뒤집어 손바닥이 천장을 향하게 한다. 팔꿈치가 쭉 펴지도록, 혹은 관절이 잠길 때까지
천장 쪽으로 바를 들어 올린다. 가슴 가까이로 바를 내린 다음 한 번 더 바를 뒤집어 허벅지
근처를 지나 바닥에 내려놓는다. 양다리를 동시에 뒤로 차듯이 쭉 뻗었다가 다시 바 쪽으로
돌아온다. 그리고 시작 자세로 돌아온다. 동작을 진행하는 동안 바를 단단히 잡고 있어야
한다.

동적 스트레칭

10~15 회 / 20~30 초
15~20 회 / 30~40 초
20~25 회 / 40~50 초

동작 1: 리버스 런지를 응용한 고관절 스트레칭(164페이지 참조)

동작 2: 리버스 런지와 무릎 당기기를 응용한

  대퇴사두근 스트레칭(164페이지 참조)

동작 3: 페달 투 스탠딩(165페이지 참조)

동작 4: 상체 연속 스트레칭(166페이지 참조)

동작 5: 고관절 외전근과 햄스트링 연속 스트레칭(167페이지 참조)

코어 운동

10~15 회 / 20~30 초
15~20 회 / 30~40 초
20~25 회 / 40~50 초

동작 1: 보수를 사용한 얼터네이트 니 드라이브(168페이지 참조)

동작 2: 보수를 사용한 레그 레이즈(168페이지 참조)

동작 3: 보수를 사용한 힐 탭(169페이지 참조)

동작 4: 메디신볼 트위스트(169페이지 참조)

동작 5: 보수를 사용한 플랭크(170페이지 참조)

전신 운동

10~15 회 / 20~30 초	
15~20 회 / 30~40 초	
20~25 회 / 40~50 초	

동작 1: 가장 어려웠던 하체 동작

동작 2: 사이드 니 드라이브 푸시업(185페이지 참조)

동작 3: 덤벨과 발목 모래주머니를 사용한 사이드 런지와 니 드라이브(183페이지 참조)

동작 4: 덤벨 플라이오메트릭과 푸시업(188페이지 참조)

동작 5: 클린 앤 프레스와 플라이오메트릭(189페이지 참조)

8주차 건강 습관

영양

- 일일 식단 테마를 설정하는 방법을 추천한다. 지나치게 엄격하거나 지루하지 않으면서도 적당한 한도를 설정하기에 좋기 때문이다. 월요일은 채식, 화요일은 생선과 채소를 곁들인 페스코테리언 채식, 수요일은 엄격한 비건 채식, 목요일은 하얀 고기, 금요일은 붉은 고기로 식단을 꾸리는 방법도 생각해볼 수 있다. 하지만 각자 주어진 상황을 고려하고 어떤 식단이 지속가능할 것인지 생각해야 한다. 물론 갑자기 점심이나 저녁 외식 스케줄이 생기거나 식단을 지킬 수 없는 상황일 때는 얼마든지 그날의 테마를 변경해도 좋다.
- 다이어트를 이유로 대인 관계를 소홀히 하지 말자. 나의 식사 계획을 타인에게 강요하지 말라는 뜻이다. 사람마다 음식을 대하는 방식은 모두 다르다. 다른 사람들과 함께하는 저녁식사 시간까지 나의 식사법을 고집하느라 폐를 끼치는 일은 없도록 하자. 저녁 한 끼 식단을 지키지 못하는 정도로 스트레스를 받을 필요는 전혀 없다.

웰빙

- 충분한 휴식 없이는 이 프로그램의 효과를 제대로 얻을 수 없다. 운동을 진지하게 하듯이 휴식 시간도 성의껏 지켜야 한다.
- 찬물 수영은 면역력을 높이고 체내 독소를 배출하는 데 도움이 된다. 또한 물속에서는 체중이 적게 느껴지기 때문에 몸의 부담을 덜어내고 휴식을 취할 때도 아주 좋다.
- 몸의 회복을 위해서는 잠이 무엇보다 중요하다. 잠을 제대로 잔다면 체력 또한 수월하게 회복할 수 있을 것이다.

적립식 운동법 : 5-4

월요일 **하체 운동**	1. 짐볼을 사용한 스쿼트 2. 덤벨과 발목 모래주머니를 사용한 사이드 런지와 니 드라이브 3. 리버스 런지 점프 4. 발목 모래주머니를 사용한 플라이오메트릭 점프 5. 노르딕 컬 변형 동작
화요일 **상체 운동**	1. 사이드 니 드라이브 푸시업 2. 무릎 꿇고 느리게 하는 어깨 연속 동작 3. 무릎 꿇고 하는 팔 연속 동작 4. 덤벨 플라이오메트릭과 푸시업 5. 클린 앤 프레스와 플라이오메트릭
수요일 **동적 스트레칭**	1. 리버스 런지를 응용한 고관절 스트레칭 2. 리버스 런지와 무릎 당기기를 응용한 대퇴사두근 스트레칭 3. 페달 투 스탠딩 4. 상체 연속 스트레칭 5. 고관절 외전근과 햄스트링 연속 스트레칭
목요일 **코어 운동**	1. 보수를 사용한 얼터네이트 니 드라이브 2. 보수를 사용한 레그 레이즈 3. 보수를 사용한 힐 탭 4. 메디신볼 트위스트 5. 보수를 사용한 플랭크
금요일 **전신 운동**	1. 가장 어려웠던 하체 동작 2. 사이드 니 드라이브 푸시업 3. 덤벨과 발목 모래주머니를 사용한 사이드 런지와 니 드라이브 4. 덤벨 플라이오메트릭과 푸시업 5. 클린 앤 프레스와 플라이오메트릭
토요일 **스포츠와 레저**	승부욕이 있는 편이라면 친구나 가족들과 함께 시합을 겨뤄보면 어떨까? 가족끼리 미니 트라이애슬론 경기를 열어도 좋고, 그보다 단순한 게임을 즐겨도 좋다.

9주차

"사이먼의 운동 수업은
단순히 신체 능력을
강화하는 데 멈추지
않습니다. 그는 운동이
끝나고 센터를 나설
때마다 내가 얼마나 멋진
사람인지 깨닫게
해줍니다."

루크 에반스

영화 <미녀와 야수> 개스톤 역, <호빗: 다섯 군대 전투> 바드 역

한계에 도전하라

9주차가 이 프로그램의 정점이라고 할 수 있겠다. 어디까지 할 수 있는지 확인하고 스스로를 시험해보는 순간이다. 나의 한계가 어느 정도인지 살펴보는 일주일이 될 것이다.

적립식 운동법 : 5-5

이제 여러분은 스스로의 몸을 잘 컨트롤 할 수 있다. 어떤 방식으로 휴식을 취하고 에너지를 보충할지 현명하게 선택할 수 있다. 9주차에 들어서면, 이전보다 강하게 다져지고 그 여느 때보다 회복력이 향상된 나의 고객들에게 이렇게 말하곤 한다. "이제 자기 몸은 스스로 다스려야 합니다." 자, 한층 업그레이드 된 신체 능력을 가지고 무엇을 할지는 전적으로 여러분의 손에 달려 있다. 이번 주는 원하는 만큼 몸을 움직여 볼 절호의 기회다. 의지만 있다면 얼마든지 스스로를 힘들게 몰아붙여도 좋다. 이번 주는 여러분의 한계를 시험하는 시간이니까.

지난 몇 주 동안, 얼마든지 더 힘들게 강도를 높일 수 있는데도 나의 지시사항을 따르느라 참고 있었을지도 모른다. 바로 지금, 이 운동 프로그램에서 지금까지 해왔던 것 이상으로 운동 강도를 끌어올리고 스스로를 시험해볼 기회가 찾아왔다. 이번 주 고강도 운동을 하려고 벼르고 있었다면 얼마든지 도전해보자. 여러분은 이미 충분한 체력을 갖추고 있다. 초급자라면 중급 레벨로, 중급자라면 고급 레벨로 단계를 높여 반복 횟수를 늘리는 방법도 좋다. 아니면 근력 운동 도구를 이전보다 무거운 것으로 바꿔도 된다.

그렇다고 해서 무모한 도전을 하라는 말은 아니다. 스스로의 한계를 시험할 때는 무엇보다 안전이 우선이다. 지금까지 쌓아온 노력의 결과와 강한 체력을 만끽해야 할 시기를 부상으로 괴로워하며 보낼 수는 없지 않은가? 마지막을 코앞에 두고 부상을 입는 불상사는 피해야 한다. 지나친 욕심은 버리고 실현 가능한 수준의 목표를 설정하자. 이를테면 초급자였던 사람이 일주일 사이에 고급 레벨 프로그램에 도전하는 식의 무리한 도전은 삼가도록 하자.

자신의 한계를 파악하라

스스로의 한계를 시험할 때는 편안하고 유연한 마음가짐을 가져야 한다. 나의 능력이 어디까지인지, 얼마나 해낼 수 있는지 살펴보는 것뿐이라고 스스로를 다독여 보자. 하룻밤 사이에 푸시업 50회를 거뜬하게 해내리라는 허황된 꿈이 정말 이뤄질 리가 없다. 실패할 확률이 높은 야심찬 계획은 버리자.

한계를 넘어서, 한 걸음만 더 앞으로

어떤 동작을 하다가, 예를 들어 싯업을 하던 중에 더 이상은 못 하겠다는 생각이 들 때는 10초간 동작을 멈추고 휴식을 취한 다음 곧바로 운동을 재개해보자. 내가 나 자신의 훈련 트레이너라고 생각해야 한다. 이번 주에는 어느 정도까지 운동 강도를 높일 수 있을지 스스로에게 되묻고, 한 발짝이라도 더 앞으로 나아갈 수 있도록 용기를 북돋아 주자. 이는 예전에 내가 혼자 운동을 할 때 자주 사용했던 방법이기도 하다. '사이먼, 겨우 이게 다야? 더 할 수 있어!'라고 스스로에게 외치는 것이다. 이렇게 하면 힘을 조금이라도 더 끌어낼 수 있으므로, 제법 효과가 있는 방법이다.

이번 주는 창의력을 발휘해보자. 운동을 할 때 발목 모래주머니나 중량조끼를 입어 보면 어떨까. 이번 주는 평소에 해보지 않은 일에 도전하거나 색다른 경험을 시도하기에도 더할 나위 없이 좋은 기회다. 유산소 운동을 새로운 종목으로 바꿔봐도 좋다. 지금까지 유산소 시간에 계속 실내 자전거를 탔다면, 이번 주에는 트레드밀을 사용해 내가 얼마나 잘 달릴 수 있는지 확인해보자. 또한 목요일의 코어 운동 시간에는 원래의 프로그램 외에 다른 선택지도 있다는 사실을 잊지 말자(7주차 챕터에 바르고 안전한 자세로 운동하는 방법을 상세히 설명해두었다). 토요일에 가벼운 활동으로 몸을 풀 때도 새로운 스포츠에 도전해보면 어떨까? 일요일에 나들이 계획이 있다면, 걷고 싶어지는 낯선 장소를 물색해봐도 좋을 것이다.

여러분도 이미 눈치 챘겠지만 이번 주에는 적립식 운동법의 유산소 시간이 5분으로 늘어났다. 프로그램의 9주차에 들어선 지금이라면 이 정도는 충분히 감당할 수 있으리라 생각한다. 매일 운동 시간 중 총 25분을 유산소에 투자하는 셈인데, 지금 단계에서는 어렵지 않게 해낼 수 있을 것이다.

9주차 준비물

발목 모래주머니

탄력밴드

바벨과 원판

벤치

보수

덤벨

덤벨, 케틀벨 또는 메디신볼

스텝박스

중량조끼

코어 응용 동작용

케이지

케틀벨

짐볼

하체 운동

동작 1: 도구를 사용한 와이드 스쿼트

덤벨, 케틀벨, 메디신볼 등 근력 운동 도구를 양다리 사이에 잡고 선다. 양발을 어깨 너비보다 넓게 벌리고, 발가락은 바깥쪽으로 둔다. 무릎이 90도가 되고 들고 있는 도구가 바닥에 닿을 때까지 몸을 낮춘다. 그대로 4초 동안 멈춘다. 발뒤꿈치로 바닥을 밀어내듯 힘차게 올라와 시작 자세로 돌아온다.

동작 2: 탄력밴드와 도구를 사용한 점프 스쿼트

탄력밴드를 발목 위와 무릎 위에 하나씩 착용한다. 양손에 덤벨을 하나씩 들고 가슴 근처에 둔다. 무릎이 90도가 될 때까지 스쿼트 자세로 몸을 낮춘다. 몸을 낮춘 상태에서 발뒤꿈치로 바닥을 힘차게 밀어내며 바닥에서 15cm 정도 위로 점프한다. 발뒤꿈치로 중심을 잡아 착지하며 곧바로 다시 스쿼트를 실시한다.

동작 3: 3-3 점프 런지

양발을 어깨 너비로 벌리고 선다. 발을 앞으로 내딛어 런지 자세를 취하고 뒤쪽 무릎이 바닥에 살포시 닿을 때까지 몸을 낮춘다. 힘차게 뛰어 시작 자세로 돌아온다. 한쪽으로 런지 3번과 폴짝 뛰기 3번을 한 다음 다리 위치를 반대쪽으로 바꾼다. 반대쪽도 똑같이 런지 3번과 폴짝 뛰기를 3번 한다. 여기까지가 반복 횟수 1회다.

스스로의 한계를 시험할 때는
생각의 유연함을 발휘하는 편이 좋다.
몸이 감당할 수 없는 무리한 도전은 삼가자.

동작 4: 발목 모래주머니를 사용한 플라이오메트릭 스텝박스 점프 스쿼트

발목에 모래주머니를 착용한다. 스텝박스를 앞에 두고 25cm 정도 떨어진 곳에 선다.
양발을 어깨 너비로 벌리고 팔은 몸 옆에 나란히 둔다. 스쿼트 자세를 취한다. 폴짝
뛰어서 스텝박스 위에 두 발로 착지한다. 스텝박스 위에서 스쿼트를 한 번 하고 바닥으로
내려온다. 양손을 스텝박스 위에 올린 뒤 바닥을 박차서 양다리를 뒤로 쭉 뻗었다가 다시
앞으로 돌아온다. 시작 자세로 돌아온다.

동작 5: 보수 또는 스텝박스를 사용한 노르딕 푸시업 변형 동작

무릎을 꿇고 앉는다. 발뒤꿈치가 움직이지 않도록 벤치 등을 이용해 고정한다. 운동
파트너가 있다면 다리를 잡아 달라고 부탁해도 좋다. 보수나 스텝박스를 앞에 두고 몸을
낮춘다. 기구에 손이 닿을 때까지 둔근(볼기근)과 햄스트링을 유지하면서 아주 천천히
움직여야 한다. 손바닥이 기구에 닿으면 팔꿈치가 90도 각도가 될 때까지 몸을 더 낮춘다.
손바닥으로 바닥을 밀어내듯 몸을 일으켜 시작 자세로 돌아온다.

정신의 강인함과 민첩성이,
이제는 신체의 강인함 · 민첩성과 맞먹을 정도로
강해졌을 것이다.

상체 운동

동작 1: 푸시업과 킥 스루

양손을 어깨 너비로 벌려 바닥을 짚고, 양다리는 뒤로 쭉 뻗는다. 이 동작이 익숙하지 않은 경우, 무릎을 바닥에 대고 양 발목을 교차하여 하나로 모으는 편이 쉽다. 팔꿈치가 90도 각도가 되도록 몸을 낮춘다. 바닥을 밀어내듯이 몸을 올려 시작 자세로 돌아온다. 호흡은 힘을 주는 순간에 내쉰다. 다시 한번 몸을 낮추고 오른쪽 무릎이 왼쪽 팔 가까이 오도록 가로질러 들어 올린다. 여기까지가 1회이며, 2회차에는 왼쪽 무릎이 오른쪽 팔을 향해 움직이도록 한다.

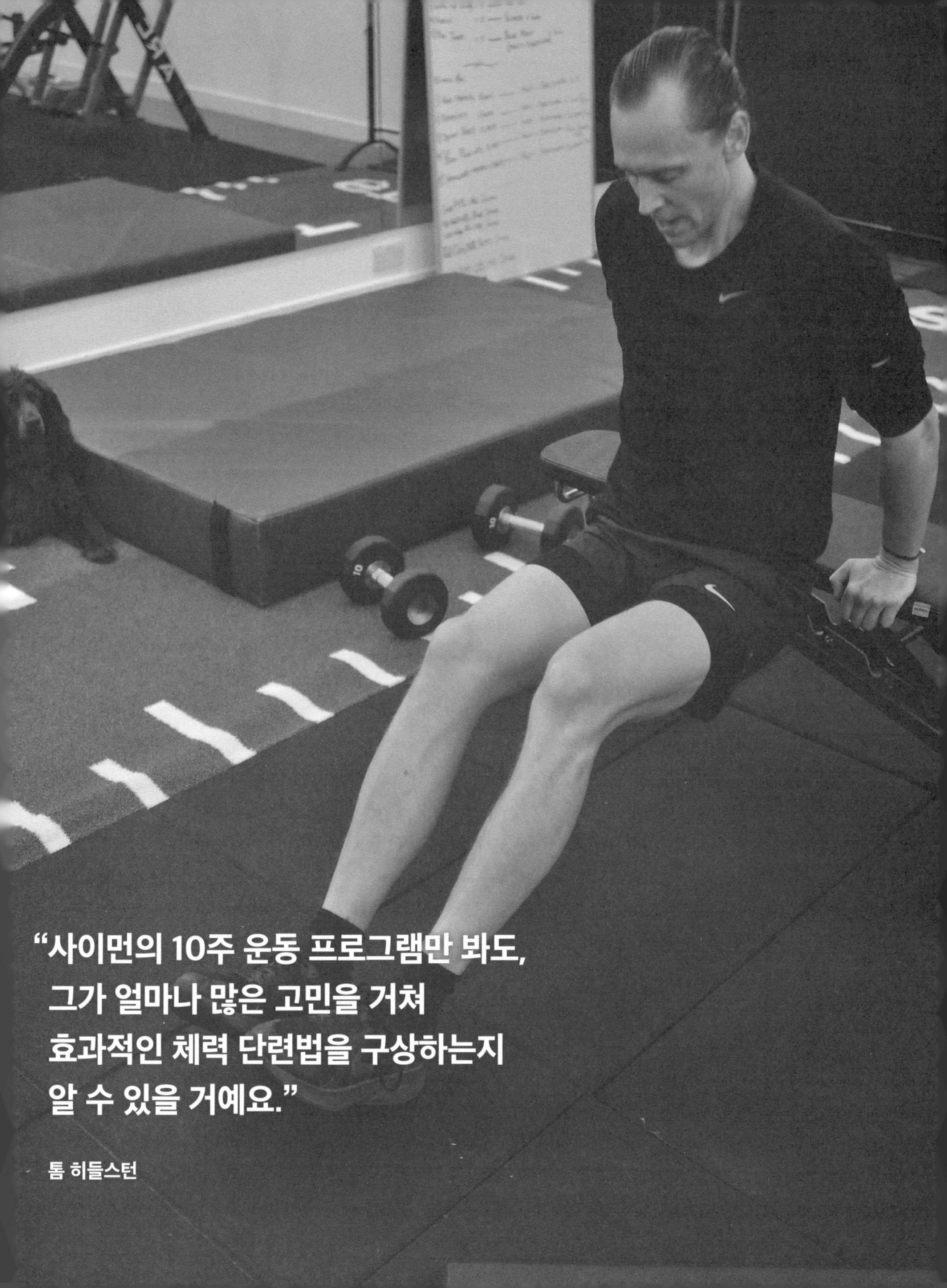

"사이먼의 10주 운동 프로그램만 봐도,
그가 얼마나 많은 고민을 거쳐
효과적인 체력 단련법을 구상하는지
알 수 있을 거예요."

톰 히들스턴

동작 2: 하프 레이즈를 포함한 무릎 꿇고 하는 어깨 연속 동작

바닥에 무릎을 대고 앉아서 시작한다. 이 자세로는 하체를 사용할 수 없으므로 상체 근육을
고립시킬 수 있다. 래터럴 레이즈 할 때 덤벨을 절반만 들어 올리면 긴장을 한 시도 늦출 수
없다(운동 강도를 더 높이고 싶다면 프론트 레이즈를 할 때도 절반 높이로 들어 올린다). 래터럴 레이즈를
시작한다. 팔꿈치를 살짝 구부리고 덤벨을 양옆으로 들어 올린다. 덤벨은 어깨 높이의
절반까지만 올린다. 시작 자세로 돌아온다.

자세를 바꾸어 숄더 프레스를 준비한다. 양손에 덤벨을 잡고 팔을 90도 각도로 굽힌다.
덤벨이 귀 옆으로 15cm 정도 떨어진 위치에 오게 한다. 천장을 향해 덤벨을 들어 올려서 두
덤벨의 모서리가 살포시 맞닿게 한다. 덤벨을 내려 어깨와 팔이 다시 한번 직각을 이루도록
한다.

자세를 바꿔 프론트 레이즈를 준비한다. 덤벨이 허벅지에 닿도록 잡고, 팔꿈치를 살짝 구부린 채 양쪽의 덤벨을 한꺼번에 어깨 높이까지 들어 올린다(강도를 조금 더 높이 밀어붙이고 싶을 때는 어깨 높이의 절반까지만 들어 올린다). 그리고 제자리로 돌아온다.

자세를 바꾸어 이번에는 벤트 오버 래터럴 레이즈를 준비한다. 척주, 허리, 목의 중립을 유지해야 한다. 양팔을 늘어뜨려 덤벨을 가슴 아래 정강이 가까이에 매달아 놓듯이 잡는다. 팔꿈치를 살짝 구부린 채 덤벨이 양어깨와 수평을 이룰 때까지 위로 끌어당긴다. 그리고 제자리로 돌아온다.

동작 3: 무릎 꿇고 하는 팔 연속 동작(160페이지 참조)

동작 4: 바벨 로우 플라이오메트릭과 바벨 롤아웃

이 동작은 매우 어려우니 심폐지구력이 약한 사람은 피하도록 하자. 각자의 운동 능력에
맞게, 복부 롤아웃 부분을 생략하는 식으로 동작을 얼마든지 변형해도 좋다.

적당한 무게의 원판을 바벨에 끼운 뒤, 바를 앞에 두고 선다. 무릎을 조금 구부리고 허리의
중립을 유지한다. 오버핸드 그립을 사용하여 바를 움켜쥐고 들어 올려 바벨을 무릎 근처로
가져온다. 등 근육을 뒤로 끌어당기고 넓은등근을 짜내듯 움직여 바벨이 허벅지를 스치고
올라와서 허리 근처에 오도록 한다. 바벨을 바닥에 내려놓는다.

플라이오메트릭을 실시한다. 양손으로
바벨을 꽉 잡고 양발을 힘껏 굴러 뒤로 쭉
뻗는다. 바를 잡은 채로 푸시업을 한 번 한
뒤, 점프하여 발을 바벨 가까이로 가져온다.

이번에는 무릎을 바닥에 내려놓고 바벨을
몸 앞으로 멀리 밀어낸다. 이때 허리의
중립을 유지하며 단단히 힘을 주고 코어
근육을 사용해야 한다. 바벨을 굴려 원래
위치에 두고, 처음의 시작 자세로 돌아와
바를 들어 올린다.

동작 5: 클린 앤 프레스와 푸시업 플라이오메트릭

바벨에 적당한 무게의 원판을 끼운 뒤, 바벨을 앞에 두고 양발을 어깨 너비로 벌려 선다. 오버핸드 그립을 사용하고 허리와 목의 중립을 유지한다. 바벨을 들어 올릴 때는 바가 허벅지를 자연스럽게 스치고 올라오도록 한다. 바가 팔꿈치 근처에 다다르면 바를 빠르게 뒤집듯 움직여 손바닥이 천장을 향하게 한다. 팔꿈치가 쭉 펴지도록, 또는 관절이 잠길 정도로 바를 천장 쪽으로 들어 올린다. 바를 가슴 가까이로 내린 다음, 다시 한번 바를 뒤집어 허벅지 근처로, 그리고 바닥으로 내린다.

이번에는 스쿼트 자세로 몸을 낮추고 발을 뒤로 차듯이 쭉 뻗는다. 팔꿈치가 90도 각도를 이룰 때까지 몸을 낮추어 푸시업을 한 번 한 뒤, 점프하여 발을 바벨 가까이로 가져온다. 호흡은 힘을 줄 때 내쉰다.

동적 스트레칭

10~15 회 / 20~30 초	
15~20 회 / 30~40 초	
20~25 회 / 40~50 초	

동작 1: 리버스 런지를 응용한 고관절 스트레칭(164페이지 참조)

동작 2: 리버스 런지와 무릎 당기기를 응용한

　　　　대퇴사두근 스트레칭(164페이지 참조)

동작 3: 페달 투 스탠딩(165페이지 참조)

동작 4: 상체 연속 스트레칭(166페이지 참조)

동작 5: 고관절 외전근과 햄스트링 연속 스트레칭(167페이지 참조)

코어 운동

10~15 회 / 20~30 초	
15~20 회 / 30~40 초	
20~25 회 / 40~50 초	

동작 1: 보수를 사용한 얼터네이트 니 드라이브(168페이지 참조)

동작 2: 보수를 사용한 레그 레이즈(168페이지 참조)

동작 3: 보수를 사용한 힐 탭(169페이지 참조)

동작 4: 메디신볼 트위스트(169페이지 참조)

동작 5: 보수를 사용한 플랭크(170페이지 참조)

전신 운동

	10~15 회 / 20~30 초
	15~20 회 / 30~40 초
	20~25 회 / 40~50 초

동작 1: 가장 어려웠던 하체 동작

동작 2: 푸시업과 킥 스루(202페이지 참조)

동작 3: 탄력밴드와 도구를 사용한 점프 스쿼트(198페이지 참조)

동작 4: 바벨 로우 플라이오메트릭과 바벨 롤아웃(206페이지 참조)

동작 5: 클린 앤 프레스와 푸시업 플라이오메트릭(209페이지 참조)

9주차 건강 습관

영양

- 운동 강도가 가장 높은 한 주를 보내고 있는 만큼, 항염 효과가 있는 음식을 챙겨 먹도록 하자. 하루 한 번 생강 엑기스나 강황 차를 타서 마시면 우리 몸이 염증을 제거하는 데 도움이 될 것이다.
- 근육 회복을 위해서 단백질을 충분히 섭취하자. 되도록 다양한 단백질 음식을 먹을 수 있도록 신경 쓰자.
- '치팅데이'는 좋은 방법이 아니다. 운동과 영양에 속임수란 없다. 입에 들어가는 음식에 속임수라는 딱지를 붙이지 말자.

웰빙

- 운동 후 스트레칭 시간을 늘리자.
- 심신안정을 위해 목욕을 할 때, 목욕물에 엡섬솔트(황산 마그네슘 성분을 함유한 입욕제-옮긴이)를 넣으면 근육 이완과 부기 완화에 도움이 된다.
- 냉수 테라피 또한 회복에 효과가 있다. 따뜻한 물로 샤워를 한 뒤, 1분에서 2분 정도만 찬 물로 마무리를 해보면 어떨까? 호흡에 정신을 집중하고 냉기를 이겨내 보자.
- 겨울에는 햇볕이 부족하므로 비타민D 보충제를 섭취하는 것을 고려해보자. 겨울이 아니더라도, 일 년 중 어느 때여도 좋으니 멀티비타민이나 멀티미네랄, 프로바이오틱스 유산균과 오메가산 보충제 등을 섭취해보자.

적립식 운동법 : 5-5

월요일 **하체 운동**	1. 도구를 사용한 와이드 스쿼트 2. 탄력밴드와 도구를 사용한 점프 스쿼트 3. 3-3 점프 런지 4. 발목 모래주머니를 사용한 플라이오메트릭 스텝박스 점프 스쿼트 5. 보수 또는 스텝박스를 사용한 노르딕 푸시업 변형 동작
화요일 **상체 운동**	1. 푸시업과 킥 스루 2. 하프 레이즈를 포함한 무릎 꿇고 하는 어깨 연속 동작 3. 무릎 꿇고 하는 팔 연속 동작 4. 바벨 로우 플라이오메트릭과 바벨 롤아웃 5. 클린 앤 프레스와 푸시업 플라이오메트릭
수요일 **동적 스트레칭**	1. 리버스 런지를 응용한 고관절 스트레칭 2. 리버스 런지와 무릎 당기기를 응용한 대퇴사두근 스트레칭 3. 페달 투 스탠딩 4. 상체 연속 스트레칭 5. 고관절 외전근과 햄스트링 연속 스트레칭
목요일 **코어 운동**	1. 보수를 사용한 얼터네이트 니 드라이브 2. 보수를 사용한 레그 레이즈 3. 보수를 사용한 힐 탭 4. 메디신볼 트위스트 5. 보수를 사용한 플랭크
금요일 **전신 운동**	1. 가장 어려웠던 하체 동작 2. 푸시업과 킥 스루 3. 탄력밴드와 도구를 사용한 점프 스쿼트 4. 바벨 로우 플라이오메트릭과 바벨 롤아웃 5. 클린 앤 프레스와 푸시업 플라이오메트릭
토요일 **스포츠와 레저**	친구나 가족과 함께 새로운 곳으로 주말 도보 여행을 떠나보면 어떨까?

10 주차

"사이먼에게 트레이닝
받는 것이 제 꿈이었어요.
그는 제 능력의 한계를
넓힐 수 있도록, 그리고
더 열심히 땀 흘리도록
힘을 보태 주었어요.
정말 즐거웠습니다."

레아 세이두

<007 노 타임 투 다이>, <007 스펙터> 매들린 스완 역

노력의 결실을 확인하며 기뻐하자

이 방법을 사용할 엄두를 내는 트레이너들은 많지 않다. 대부분 운동 프로그램을 마무리하는 바로 이 시점에 전체 프로그램 중 가장 강도 높은 운동을 실시하게 되리라고 짐작한다. 하지만 우리는 1주차로 돌아가 똑같은 운동을 해볼 것이다.

적립식 운동법 : 5-2

프로그램의 마지막 주인 10주차에는 맨 처음으로 돌아가 보자. 이 모든 과정의 출발선에서 했던 바로 그 운동을 그대로 다시 해보는 것이다. 이 과정은 심리학적으로 매우 중요하다. 지금까지 이 프로그램을 실시하면서 신체적·정신적으로 얼마나 많은 결실을 맺었는지 직접 확인할 수 있기 때문이다.

쓸데없는 짓이 아닌지 의문이 들 수도 있다. 지난 9주 동안 해온 운동들에 비해 너무 쉽다는 생각이 들지도 모른다. 하지만 이 운동 프로그램을 막 시작했을 때 힘들어했던 스스로의 모습을 되짚어 보자. 첫 번째 동작에서부터 자세가 흐트러지고 숨이 가빠오지 않았던가? 1주차 내내 운동을 끝마치고 나면 다리 감각이 없어져서 자리에 드러눕거나 소파에 쓰러져 30분씩 낮잠을 자야 하는 경우도 있었을 것이다. 그런데 지금은 어떤가? '이 정도는 식은 죽 먹기지'라고 생각하고 있지 않은가? 이로써

9주라는 비교적 짧은 시간 동안 얼마나 많은 결실을 맺었는지 새삼 깨달을 수 있다. 스스로에게 이렇게 칭찬해줘야 한다. '와, 그동안 정말 많은 일을 해 냈구나!' 외모, 움직이는 자세, 그리고 컨디션을 개선하기 위해서 지금까지 이뤄온 일들에 대해 자부심을 느껴야 한다. 나의 고객들에게도 똑같은 방식을 적용하여 마지막 날에 1주차 프로그램을 그대로 해보면, 지금까지 얼마나 큰 변화를 만들어왔는지 몸소 체험할 수 있는 기회를 가진 것에 기뻐하곤 한다. 노력의 결실을 몸으로 느끼면서 큰 기쁨과 성취감을 느낄 수 있기 때문이다.

몸의 변화 살펴보기

이전보다 체중이 조금 줄어든 상태라면, 이번 주 중에 하루 정도는 중량조끼나 무거운 배낭을 착용해보자. 이 프로그램을 진

행하는 동안 몸에 얼마나 큰 변화가 있었는지 느낄 수 있을 것이다. 1주차에 심혈관계 장기들이 부담하고 있었던 스트레스 요인들이 지금은 많이 없어졌다. 당시에는 숨쉬기가 벅차고 힘들었을 테지만, 몸이 한결 가벼워진 지금은 훨씬 편안하다. 9주 전을 되돌아보는 시간을 가져보자. 그때의 나는 어떤 모습이었는지, 몸의 기능은 어땠는지 기억해보자. 그리고 활력과 체력이 좋아진 지금은 어떤지 살피자. 주변 사람들이, 특히 이 도전을 시작한 이후 만나지 못한 사람이라면 더욱 빨리 알아차릴 정도의 광채가 여러분을 반짝이게 할 것이다.

수고한 나에게 선물을

이 과정의 끝에 얻은 가장 의미 있는 선물은 역시 흔들림 없는 정신력과 건강한 몸이다. 하지만 도전의 마지막 순간을 기념하기 위해 스스로에게 새로운 장비나 새 옷 같은 선물을 해보면 어떨까? 티셔츠, 청바지, 어떤 물건을 사도 좋다. 그 물건을 사용할 때마다 여러분이 이 프로그램을 얼마나 훌륭하게 끝마쳤는지, 그리고 좋은 습관들을 얼마나 많이 쌓았는지 기억할 수 있을 것이다. 어쩌면 옷장을 통째로 바꿔야 할지도 모른다. 체성분이 완전히 바뀌면서 오래된 옷들은 내다 버리고 새로운 스타일을 시도할 기회가 생길 것이다.

10주차 준비물

탄력밴드
바벨과 원판
벤치
스텝박스
덤벨
케틀벨, 원판, 또는 덤벨
AB슬라이드

10주간의 도전을 마무리하면서 느끼는 성취감과 뿌듯함은 정말 크다. 이 기분을 마음껏 즐기기 바란다. 하지만 건강을 향한 우리의 여정은 아직 끝나지 않았다!

스스로에게 칭찬을 담뿍 해주자!
지난 9주 동안 여러분이 해낸 수많은 일들을
되새기는 시간을 가져보자.

10주차 건강 습관

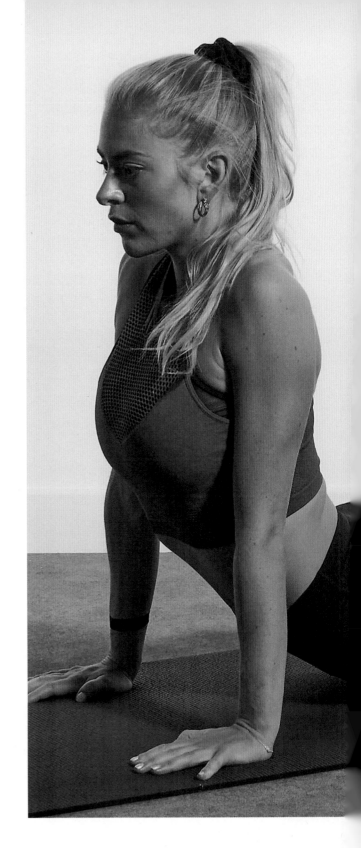

영양

- 에스프레소에는 각성 효과가 있어서, 마시고 나면 에너지가 넘치는 것 같은 기분이 들지만 정작 칼로리는 거의 없다는 사실을 기억해야 한다. 기운은 있어도 에너지 보충이 필요한 상태이므로, 운동을 마친 뒤 영양 섭취를 하는 편이 좋다.
- 양도 중요하지만 질도 중요하게 따져야 한다. 가능하다면 현지의 생산물과 유기농 식재료를 사용하자.
- 과일, 견과류, 씨앗류는 맛도 좋고 몸에도 좋은 간식거리다. 식사 사이사이에 섭취해도 좋다.

웰빙

- 심신이 지치도록 버티다가 잠에 드는 습관을 버려야 한다. 체력이 방전되기 30분 정도 전에는 잠자리에 들어야 한다. 숙면을 취하는 데 도움이 될 것이다.
- 수면 일기를 작성해보면 어떨까? 일기를 쓰다 보면, 자신이 배가 조금 부른 상태여야 쉽게 잠들 수 있다는 사실을 발견해서 저녁 식사 시간을 조금 뒤로 미루는 조치를 취할 수도 있다. 조명, 온도 등 침실의 수면 환경을 포함하여 나에게 잘 맞는 방법을 찾아보자.
- 침대 매트리스가 내 몸에 잘 맞는지 살펴보자. 그리고 베개 또한 목, 어깨, 허리에 적당한지 확인해보자.
- 가능하다면 '엘리트 선수 낮잠'을 추천한다. 낮 시간에 20분 정도 취하는 쪽잠을 가리키는 말인데, 기력을 회복하고 보충하는 데 큰 도움이 된다.

적립식 운동법 : 5-2	
월요일 **하체 운동**	1. 스쿼트 2. 탄력밴드를 사용한 스텝 3. 런지 4. 스텝박스 5. 힙 쓰러스트
화요일 **상체 운동**	1. 푸시업 2. 어깨 연속 동작 3. 팔 연속 동작 4. 바벨 로우 5. 클린 앤 프레스
수요일 **동적 스트레칭**	1. 베어크롤과 비둘기 자세 2. 베어크롤과 코브라 자세 3. 싯업과 요추 스트레칭 4. 게 스트레칭 5. 플라이오메트릭 점프
목요일 **코어 운동**	1. 플랭크, 파이크와 번갈아 어깨 짚기 2. 크런치, 레그 레이즈와 발 교차하기 3. AB슬라이드 복부 롤아웃 4. 덤벨 사이드 벤드 5. 엘보 투 니 크런치
금요일 **전신 운동**	1. 가장 어려웠던 하체 동작 2. 푸시업 3. 탄력밴드를 사용한 스텝 4. 바벨 로우 5. 클린 앤 프레스
토요일 **스포츠와 레저**	옛날, 친구들이나 가족들이 모두 모여 테니스를 치거나 함께 달리기를 한 적이 있지 않은가? 모두 함께 모여 관계를 다지는 즐거운 시간을 가져보자.

10주의 도전을 마무리하며

10주간의 도전을 성공적으로 마무리했다. 나의 프로그램과 조언을 성실하게 따랐다면, 처음에 비해 훨씬 건강하고, 튼튼하고, 정신적으로도 혈기왕성하게 변했으리라 기대한다. 하지만 아직은 지금까지의 노력을 모두 뒤로 한 채, 이 책을 펼치기 전의 생활로 돌아가기에는 이르다. 여러분은 이제 초석을 완성했다. 이제 여러분 앞에는 새로운 숙제가 주어졌다. 내가 알려준 방법을 사용하여 이 활기찬 생활을 앞으로도 계속 이어갈 수 있는지 확인해보는 것이다. 생애 첫 운동으로 이 프로그램을 선택한 경우라면, 가장 어려운 시작 부분을 완성한 셈이다. 하지만 이제부터는 새 습관들을 지속하며, 이 습관이 일상 생활에 완전히 스며들도록 힘써야 한다. 나의 10주 운동 프로그램이 단순히 10주짜리 이벤트로 끝나지 않고, 보다 장기적으로 여러분이 신체적·정신적 건강을 다스리는 능력을 마련하는 데 도움이 됐기를 바란다.

지금까지는 이 도전의 완수라는 중간 목표를 두고 비교적 짧은 기간 인고의 시간을 거쳤다. 하지만 좀 더 멀리 보면 지금까지처럼 특정 목표를 향해 달려 나가서는 안 된다. 오히려 건강과 운동을 라이프스타일의 일부로 삼아야 한다.

운동과 회복을 일일이 챙기고 식단을 고민하던 습관들이 얼마나 순식간에 무너질 수 있는지 나 또한 잘 알고 있다. 그렇기에 더욱 이 습관을 단숨에 놓아버려서는 안 된다. 10주 프로그램을 진행하던 때보다 조금 느슨해도 괜찮으니 좋은 습관을 계속 이어가자. 이 프로그램에서 제시한 습관들 중에는 그대로 힘들이지 않고 이어갈 수 있는 것도 있을 터이다. 반면에 장기간 꾸준히 이어가기 위해서는 강도를 10~20% 정도 낮추는 편이 유리하다고 판단되는 습관도 있을 것이다.

나의 바람으로는, 여러분이 이 책을 반복해서 참고하고 의지를 새로이 다지는 데 사용했으면 좋겠다. 이 프로그램은 한 번으로 끝나는 1회성이 아니다. 체력이 좋아진 만큼 반복 횟수 레벨을 올리고 운동 강도를 높여서 다시금 시작해도 좋다. 또한 여러 가지 유산소 운동을 혼합하거나 7주차에 소개한 추가 코어 동작들을 더하는 식으로 변화를 줌으로써 2번, 3번 반복해도 신선한 느낌을 잃지 않을 수 있다. 프로그램을 2번 이상 반복할 때는 10주차 프로그램이 처음만큼 놀랍게 느껴지지 않을 터이니 건너뛰어도 무방하다. 그 대신 가장 운동 효과가 좋았던 한 주를 선택해서 그 주의 운동 프로그램을 반복해보면 어떨까? 예를 들어 가장 강도가 높은 편인 7~9주차 중 하나를 선택할 수 있다. 하지만 앞에서 이미 한 번 언급한 바와 같이, 이 운동 프로그램의 효과를 극대화하기 위해서는 운동을 순서대로 진행하고, 임의대로 뒤섞거나 건너뛰지 않는 편이 좋다.

그 어떤 경우라도 건강을 다시 놓지 않기를 바란다. 이제 막 건강해지기 시작했는데, 어떻게 해야 이 상태를 쭉 이어갈 수 있을까? 정답은 바로, 도전을 멈추지 않는 것이다!

감사의 말

건강과 운동을 향한 톰 히들스턴의 열정은 나에게도 큰 자극이 된다. 추천사를 통해 보여준 그의 친절한 말 한마디 한마디에 진심으로 감사 인사를 표한다.

　나의 고객들, 특히 이 책의 챕터 앞머리에 실을 멋진 말들을 전해준 고객들에게 고마움을 전하고 싶다. 환상적으로 멋진 사진을 찍어 준 그렉 윌리엄스와 그의 동료들, 이 책의 운동 동작들을 직접 선보여 준 리치 피터슨과 조지 스펄링에게도 아낌없는 찬사를 보낸다. 리치는 내 오른팔처럼 곁에 머물며 언제나 버팀목이 되어 주었다. 조지는 정말로 본받을 점이 많은 건강 지도자다. 마이클 오마라 출판사의 조 스탠설과 그의 동료들, 데이빗 럭스턴 출판 에이전시의 닉 월터스, 그리고 마크 홋킨슨(책 작업을 하는 동안 마크가 들고 온 주전부리의 양이 『인텔리전트 피트니스』 작업을 하던 때에 비해 너무 줄어든 것 아닌가 하는 의문이 들지만!)에게도 아낌없는 지원에 감사하다는 말을 전한다.